Annette Köwerich · Hans-Georg Eiben

Geniessen wie die Römer

Eine kulinarische Reise entlang der Straße der Römer

Impressum

Genießen wie die Römer
Eine kulinarische Reise entlang der Straße der Römer

Texte: Annette Köwerich
Fotos: Hans-Georg Eiben
Titelfoto: Mahlzeitszene von Thomas Zühmer
Abdruck mit Genehmigung des Rheinischen Landesmuseums, Trier
Redaktion: Annemie Peller, Georges Hausemer
Koordination: Susanne Jaspers
Layout: Thomas Lutz
Zubereitung der Rezepte: Alexander Oos
Fotogravur: Scanlor
Druck: Canale, Turin

14, Place du Parc, L-2313 Luxembourg
editions@binsfeld.lu
www.editionsguybinsfeld.lu

ISBN 978-2-87954-165-5

Diese Publikation wird gefördert durch den Europäischen Landwirtschaftsfond für die Entwicklung des ländlichen Raums (ELER) im Rahmen des rheinland-pfälzischen Entwicklungsprogramms Agrarwirtschaft, Umweltmaßnahmen, Landentwicklung (PAUL) und mitfinanziert durch NATURLAUB RHEINLAND-PFALZ.

EUROPÄISCHE UNION
Europäischer Landwirtschaftsfonds für die Entwicklung des ländlichen Raums:
Hier investiert Europa in die ländlichen Gebiete

NATURLAUB ERLEBEN

MOSELWEIN E.V.

ADD
Aufsichts- und Dienstleistungsdirektion

Strasse der Römer

Der grüne Pfad

Annette Köwerich · Hans-Georg Eiben

GENIESSEN WIE DIE RÖMER

Eine kulinarische Reise entlang der Straße der Römer

EDITIONS
Guy Binsfeld

INHALT

VON AUSTERN
RÖMISCHE K

Es war weit mehr als eine Episode. Die Römer herrschten ein halbes Jahrtausend lang an der Mosel. Sie romanisierten tiefgreifend und nachhaltig. In Trier trotzt die Porta Nigra dunkel und mächtig den Jahrtausenden. Sie ist eines von mehr als hundert Bauwerken, die entlang der „Straße der Römer" zwischen Saarbrücken und Zülpich, Luxemburg und Koblenz von jener Zeit zeugen.

Im Jahr 16 v. Chr. gründeten die Römer „Augusta Treverorum", die Stadt des Augustus im Reich der Treverer, jenem keltischen Stamm, der hier siedelte und Kontakte zu den rechtsrheinischen Germanen pflegte. In deren „puristische Ernährungswelt" katapultierten die Römer das kulinarische Erbe der Antike. Denn das rasant wachsende „Imperium Romanum" hat nicht nur unermüdlich militärisch erobert, sondern auch kulinarisch beerbt. Von den Griechen, die ihrerseits von den Ägyptern kulinarisch dazugelernt hatten, hatten die Römer das Brotbacken und die Weinkultur übernommen. Ihre „internationale Feinkosttheke" revolutionierte auch in unseren Breitengraden den Speiseplan und die Landwirtschaft: mit Äpfeln, Birnen, Süßkirschen, Walnüssen, Esskastanien, Fenchel, Kräutern und Spargel. Die Römer züchteten Tauben, Gänse, Perlhühner und Pfauen. In Trier wurden in der Nähe des Domes Austernschalen gefunden. Im Hunsrückdorf Siesbach barg ein Römergrab Dattelkerne. Die Tische der Reichen und Mächtigen waren fürs Diesseits und fürs Jenseits mit importierten Lebensmitteln wie Feigen, Pinienkernen, Oliven, Pfeffer und Fischsauce reich gedeckt.

Heute bieten Straußwirtschaften, Gasthöfe und Restaurants entlang der „Straße der Römer" unter dem Motto „Antike schmecken" altrömisch inspirierte Speisen an. Sie ergänzen die geschichtsträchtigen Steine, Kunst- und Kulturschätze zu einem Erlebnis für alle Sinne.

PERLHÜHNERN UND ZIEGENKÄSE
HE GESTERN UND HEUTE

In einem Wettbewerb wurden die besten römischen Rezepte aus der Region ausgewählt. In diesem Buch werden sie vorgestellt – gemeinsam mit ihren Köchen, die außerdem ganz persönliche Ausflugstipps beisteuern und auf sehenswerte Römerdenkmäler und -stätten aufmerksam machen.

Besonders authentisch gelingen die Rezepte mit Produkten aus der Region. Darum werden auch Erzeuger von Käse, Obst und Gemüse, Eiern und Fleisch präsentiert, die sich in der Vereinigung „Der Grüne Pfad" zusammengeschlossen haben. Einige von ihnen bieten zudem römisch inspirierte Erzeugnisse und Speisen an.

Decimus Magnus Ausonius pries im Jahr 371 n. Chr. in seiner Mosella den „Strom zwischen Reben an Hängen, wo duftende Weine gedeihen". Die von den Römern mitgebrachten Reben erwiesen sich als dauerhafter als ihre Schwerter. Seither prägt die Weinkultur an der Mosel das Bild der Landschaft und das Leben vieler Menschen.

Heute spricht eine leidenschaftliche Generation von Winzerinnen und Winzern an Mosel, Ruwer und Saar von einer Riesling-Revolution. Diese Winzer erzeugen in ihren Steilhängen etwas Unverwechselbares: filigrane, „duftende" Weine mit einer uralten Tradition. Seit Jahrhunderten werden mit ihnen feine Speisen zu einem feinen Mahl. Da in einem Buch mit römischen Rezepten die entsprechenden Tropfen also nicht fehlen dürfen, wählte eine Fachjury besondere Weine aus.

Es war weit mehr als eine Episode ...

Annette Köwerich

An der „Feinkosttheke“ der Antike

„Genießen wie die Romer“ lässt an Spaghetti Bolognese, Pizza, mit Kakao bestäubtes Tiramisu, Gnocchi und Espresso denken. Doch all das gab es im „Imperium Romanum“ noch nicht. Tomaten brachte Christoph Kolumbus erst 1498 von Amerika nach Europa, Kakao und Kartoffeln folgten im 16. Jahrhundert. Der erstmals im 9. Jahrhundert in Äthiopien erwähnte Kaffee tauchte 1645 in Venedig auf.

Die Römer hatten ihre Zutaten nicht von Entdeckungs- sondern von Eroberungstouren mitgebracht. So auch die ursprünglich griechische Fischsauce „garum“ oder „liquamen“. Von der zur Römerzeit überwiegend im heutigen Spanien hergestellten salzigen Sauce finden sich auch in unserer Region Transport-Amphoren. Doch diese in vielen Gerichten verwendete Sauce verschwand wieder aus der mitteleuropäischen Küche. „Die letzte sichere Erwähnung in Frankreich datiert ins Jahr 716“, erklärt der Trierer Archäologe Dr. Klaus-Peter Goethert. Bei den Römern hatte es als schick gegolten, den Eigengeschmack der Speisen zu überlagern. Heute mutet ein „Birnenauflauf mit Fischsauce“ wie „experimentelle Archäologie“ an.

Das folgende Verzeichnis soll einen ersten Überblick geben und dazu anregen, in Fachbüchern nachzulesen, wie die Nahrungsmittel zu uns kamen, was die Römer aßen und tranken – und was nicht.

Butter
Butter wurde für medizinische Zwecke genutzt, z. B. bei Prellungen. Die Römer schätzten sie nicht als Nahrungsmittel, denn sie konnten ihr keinerlei Vorzüge gegenüber dem beliebten Speck abgewinnen.

Eier
Ob weich gekocht, hart gekocht oder als Spiegelei: Eier erfreuten sich bei den Römern größter Beliebtheit.

Fisch und Meeresfrüchte
Austern waren schon damals ein Gourmet-Luxusartikel. Sie wurden im Atlantik regelrecht gezüchtet und bis an die Mosel transportiert – ein Phänomen der kulinarischen Romanisierung. Fisch war teurer als Fleisch, weil er sich nur schwer züchten ließ. Die Meerbarbe beispielsweise galt als Inbegriff von Luxus.

Geflügel
Außer dem in jener Zeit noch unbekannten Truthahn verspeisten die Römer so ziemlich alles, was Federn hatte: Perlhühner, Hausgänse, Wildgänse, Graugänse, Hausenten, Drosseln, Pfauen; zur Not auch mal einen Kranich. Im Bereich der Mosel scheinen vor allem Hühner und Gänse verbreitet gewesen zu sein.

Getränke
Für ihre Wasserversorgungssysteme sind die Römer weltberühmt geworden. Bisweilen versetzten sie das erfrischende Nass mit Essig. Dieser heute vielleicht etwas gewöhnungsbedürftige Mix löschte besser den Durst, hatte einen stärkeren Geschmack und war keimärmer. Auch Wein wurde manchmal mit Wasser verdünnt getrunken. „Mulsum“ war eine Honig-Wein-Mischung, die im Verhältnis von 1:4 bis 1:10 (Honig:Wein) stand und in der Regel einige Wochen im Tongefäß gärte. Dieses auch heute noch genossene Getränk eignet sich hervorragend als Aperitif. Auch Dessertwein und, wenn auch sehr selten, Obstwein aus Äpfeln, Birnen oder Datteln wurde an römischen Tafeln getrunken. Bier war insbesondere in den westlichen Provinzen wichtig. Es handelte sich um obergärige Sorten („cervesia“), die ohne Hopfen hergestellt wurden, keinen bitteren Geschmack hatten und leicht verderblich waren. Es wurde auf der Basis von Gerste oder Emmer hergestellt. Ein weiteres schnell verderbliches Produkt galt bei den Römern übrigens als barbarisch: Mit Schafs- oder Ziegenmilch war ein Römer noch zufriedenzustellen, doch Kuhmilch gehörte nicht auf den Tisch.

Getreide
Aus Dinkel, Emmer, Einkorn, Gerste, Hafer, Hirse, Roggen und Weizen wurde Brot zubereitet. Das Backen hatten die Römer im 2. Jahrhundert v. Chr. von den Griechen übernommen. Es gab dunkles, grob geschrotetes Brot aus körnigem Spaltmehl für die Armen, „echtes“, mithilfe von Treibmitteln gebackenes Brot in Fladenform sowie feinstes Weißbrot, das sich allerdings nur die wohlhabenderen Römer leisten konnten.

Gewürze
Das für den modernen Gaumen Fremde und Besondere der römischen Küche rührt vor allem von den Geschmackskombinationen und Gewürzen her. Charakteristisch waren Kontraste zwischen Süßem und Bitterem, Süßem und Saurem oder Süßem und Gepfeffertem. Fischsauce half, eventuellen Verderbnisgeschmack zu übertünchen. Doch nicht nur diesen: Im Gegensatz zu heutigen Zubereitungen legten die Römer in ihrer Küche keinen Wert darauf, den Eigengeschmack ihrer Nahrungsmittel zu betonen, sondern zogen es vor, ihn zu verdecken oder verändern. Zu den in der römischen Küche verwendeten Gewürzen zählten – geordnet nach der Häufigkeit ihres Auftretens in antiken Kochbüchern: Pfeffer, Liebstöckel,

Kreuzkümmel, Koriander, Raute, Asafötida, Minze, Oregano, Sellerie, Dill, Senfkörner, Thymian, Echter Kümmel, Petersilie, Bohnenkraut, Lorbeer, Fenchel, Ingwer, Poleiminze, Erdmandel, Safran, Rauke (Rucola), Kardamom, Zimt, Knoblauch, Anis, Katzenminze, Schnittlauch, Wacholder, Sesam, Kapern, Gewürznelke, Kerbel, Basilikum, Mohn, Salbei, echter Majoran, Ysop. Salz wurde zum Würzen und Konservieren verwendet. Die Salzration zählte bei Soldaten zur Grundverpflegung. „Volkssalz“ war gleichbedeutend mit dunklem Salz. Schon damals gab es Würzsalz. Den Wohlhabenden vorbehalten war raffiniertes Salz. Auch die Fischsauce „garum“ machte Speisen salzig.

Die Römer liebten Süße. Honig war schon vor ihrem Eintreffen bekannt. Den aus Trockenbeeren hergestellten Süßwein „passum“ hingegen brachten sie mit in die Region. Er wurde zuweilen durch das Einkochen in Bleigefäßen zusätzlich konzentriert. Obwohl man schon damals um die Giftigkeit von Blei wusste, wurde diese Technik wegen ihrer süßkraftverstärkenden Wirkung praktiziert. Heute verwendet man für diesen Prozess besser eine Beerenauslese. Wer die lieber trinkt, kann stattdessen einen einfachen fruchtigen Wein einkochen. Als Alternative eignet sich ebenfalls Traubensaft, der dann „defrutum“ genannt wird. Datteln, Dattelwein, Dattelsirup, Feigen und Feigensirup, Pflaumen und Rosinen dienten ebenfalls als Süßstoffe. Auch Rohrzucker kannten die Römer bereits. Dieser wurde allerdings für medizinische Zwecke genutzt.

Hausschwein

Das Hausschwein war das beliebteste Schlachtvieh. Die Waldschweine der Nordprovinzen hingegen wurden frei lebend in Wäldern gehalten und mit Eicheln gemästet. Die Römer brieten, kochten oder schmorten Schweinefleisch; frische oder geräucherte Würste, Speck, Spanferkel und gallischer Schinken galten als ausgesuchte Leckereien.

Hülsenfrüchte

Bekannt waren bei den Treverern vermutlich schon Erbsen, Feldbohnen und Linsen. Die Römer ergänzten diesen Speisezettel um Kichererbsen und grüne Bohnen. Diese wurden aufgrund der Möglichkeit, sie trocken und langfristig zu lagern, vor allem als Truppenverpflegung eingesetzt.

Käse

Käse war sehr beliebt. Der geronnene Teil aus mit Lab oder Feigensaft versetzter Milch wurde in eine perforierte, „formaticum" genannte Schüssel gegeben, nach der er umgangssprachlich auch benannt wurde. Aus diesem Wort haben sich das heutige französische Wort für Käse „fromage“ sowie das italienische „formaggio“ entwickelt.

Kohl

Einige Kohlarten brachten die Römer mit über die Alpen, andere waren schon hier. Er wurde als Gemüse oder Salat zubereitet.

Lauch

Schnittlauch wuchs bereits in vorrömischer Zeit wild; Lauch gab es seit dem 1. Jahrhundert v. Chr.

Mangold

Der heute oft wie Spinat genutzte Mangold wurde von den Römern an der Mosel eingeführt und z. B. zum Umwickeln von Brot während des Backens verwendet.

Möhren

Möhren bzw. Karotten wuchsen als kleine, weiße Wurzeln in weiten Teilen Europas wild. Die heutige gelbe, stark karotinhaltige Möhre wurde erst vor 150 Jahren daraus gezüchtet.

Nüsse

Haselnüsse waren bereits heimisch, wohingegen Walnussbäume und Esskastanien von den Römern an die Mosel gebracht wurden. Pinienkerne wurden nur im Mittelmeerraum kultiviert, jedoch importiert und als Gewürz verwendet. Zu diesem Zweck wurden sie wie auch die anderen Nüsse geröstet.

Obst
Nördlich der Alpen wurde der systematische Obstanbau von den Römern eingeführt. Im Schlepptau hatten sie folgende Kulturobstarten: rund 30 Sorten von Äpfeln und Birnen, außerdem Kirschen, Pflaumen und an besonders geschützten Stellen auch Pfirsiche und Feigen. Die in der Region bereits vor den Römern heimischen Wildobstarten wurden weiterhin gesammelt: Wald-Erdbeeren, Brombeeren, Himbeeren, Schlehen und Schwarzer Holunder.

Oliven
Oliven und Olivenöl waren begehrte Importprodukte aus dem mediterranen Raum.

Pastinaken
Das von den Römern eingeführte, intensiv schmeckende Wurzelgemüse Pastinaken war für Eintöpfe beliebt und kann heute in römischen Gerichten als „Kartoffelersatz“ genutzt werden.

Pferde, Esel und Maultiere
... waren nicht sonderlich begehrt, scheinen aber in der Gegend um Trier verspeist worden zu sein.

Rettich
Rettich wurde roh oder mit Salz gekocht verzehrt.

Rinder
Der Verzehr von Rindfleisch galt im Gegensatz zu heute als ganz und gar nicht vornehm. Rinder dienten als Zugtiere oder lieferten Horn und gehörten somit nach Möglichkeit nicht auf den Teller.

Rote Bete
Gourmets haben das heute wieder zunehmend beliebte Gemüse ebenfalls den Römern zu verdanken.

Salat
Als Stammvater aller grünen Blattsalate gilt der Lattich („lactuca sativa“). Er wurde gekocht, als Gemüse zubereitet und eingemacht. Besonders schätzten die Römer auch den Feldsalat, der nach ihrer Ansicht nur in „kalten Regionen“ gedieh, wie beispielsweise im Rheinland. Auch Rucola war bereits zur Herrschaftszeit der Römer beliebt.

Schafe und Ziegen
Schafe und Ziegen aßen die Römer fast genauso gern wie Schwein.

Sellerie
Sellerie wurde zum Würzen verwendet und vermutlich von den Römern an die Mosel gebracht.

Spargel
Spargel wuchs wild im Mittelmeerraum und wurde zudem von den Römern kultiviert. Kein römischer Autor beschreibt das Zudecken der Spargelsprosse, es gab offenbar ausschließlich grünen Spargel. Besonders beliebt war Spargel aus Ravenna. Es gibt auch Hinweise auf den Anbau von Spargel an der Mosel.

Wild
Rund um die Städte dezimierte sich der Wildbestand, einerseits aufgrund ausgedehnter Rodung der Wälder, vor allem aber wegen der großen Beliebtheit seines Fleisches. Die Jagd auf Bären, Elche Rothirsche, Rehe und Hasen oder gar Biber galt als schicker Zeitvertreib der Oberschicht.

Zitrusfrüchte
Zitrusfrüchte wurden schon vor 4.000 Jahren in China kultiviert und kamen mit Alexander dem Großen im 4. Jh. v. Chr. in den Mittelmeerraum. Es waren aber nicht essbare Zedratzitronen, die für Parfüms und zu medizinischen Zwecken genutzt wurden. Die Römer sollen einigen Quellen zufolge aus einer bitter schmeckenden Zitrusfrucht genießbare Früchte gezüchtet haben.

Zwiebeln und Knoblauch
Zwiebeln und Knoblauch waren bekannt, in vornehmen Häusern allerdings verpönt.

Was bei den Römern unbekannt war
Um möglichst authentisch zu kochen, sollte auf folgende Zutaten verzichtet werden: Auberginen, Branntwein, Kaffee, Kartoffeln, Kürbisarten, Paprika, Putenfleisch, Radieschen, Rosenkohl, Rübenzucker (heutiger Haushaltszucker), Schokolade, Stangenbohnen, Tee, Tomaten,Tropenfrüchte (Kiwi, Banane, Kokosnuss) und Zitrusfrüchte.

Römisches Drei-Gänge-Menü

Für 4 Personen

Überbackener Ziegenkäse auf Raukesalat

Die Pinienkerne ohne Fettzugabe in einer Pfanne kurz rösten.
Rauke putzen, gründlich unter fließendem Wasser waschen, trocken tupfen und in eine Schüssel geben. Den Ziegenkäse in 4 gleich große Stücke schneiden. Mit jeweils 1 Teelöffel Honig beträufeln und bei starker Oberhitze im Backofen ca. 3 Minuten überbacken.
Für die Marinade den Essig mit Salz und Pfeffer verrühren, bis das Salz sich gelöst hat. Unter Rühren tropfenweise das Öl hinzufügen und zu einer sämigen Sauce schlagen. Mit Wein und Honig verrühren, die Sauce über den Salat gießen und alles vorsichtig vermischen.
Auf 4 Tellern anrichten und den überbackenen Ziegenkäse darauf legen. Mit den gerösteten Pinienkernen und dem Parmesan bestreuen und sofort servieren. Die Weinempfehlung: Riesling feinherb.

Flusskrebse im Gemüse-Kräutersud mit Fladenbrot

Flusskrebse waschen. Gemüse waschen, schälen und in feine Streifen schneiden. Knoblauch schälen und den Keim entfernen. Olivenöl in großer Pfanne erhitzen und alle Gemüse und Kräuter andünsten. Flusskrebse dazu geben, mit Salz, Pfeffer, Knoblauch würzen und mit der Fischsauce ablöschen. Ca. 10 Minuten ziehen lassen und in Suppentellern servieren.

Für das Fladenbrot in einer Schüssel Mehl mit Salz vermischen. Das Wasser zum Mehl geben. Kräuter hinzufügen und alles zu einem geschmeidigen Teig verkneten. Notfalls ein wenig Wasser hinzufügen, bis sich der Teig vom Schüsselrand löst. Den Teig 30 Minuten ruhen lassen, dann auf ein mit Backpapier ausgelegtes Blech legen und mit den Händen zu einem flachen Fladen drücken. Mit einem Messer die Oberfläche rautenförmig einritzen. Das Fladenbrot mit Salzwasser einpinseln und mit Thymian bestreuen. Auf der mittleren Schiene des vorgeheizten Backofens (200 Grad) in ca. 25 Minuten hellbraun backen. Warm servieren. Die Weinempfehlung: Weißburgunder trocken.

Überbackener Ziegenkäse
4 Hand voll Rauke ca. 350 g, Salz, schwarzer Pfeffer aus der Mühle, 2 El Weinessig, 4 El Olivenöl, 1 El Honig, 3 El süßer Weißwein (Passum oder eine kräftige Auslese von der Mosel), 50 g Pinienkerne, 200 g Ziegenkäse, 2 El Pinienkerne, 2 El gehobelter Parmesan

Flusskrebse
2 kg Flusskrebse, 200 g Möhren, 200 g Sellerie, 200 g Lauch, 100 ml Olivenöl, 4 Knoblauchzehen, Salz, Pfeffer, 1 Bund Thymian, 1 Bund Rosmarin, 250 ml Fischsauce Garum

Fladenbrot
300 g Mehl, 1 Tl Salz, 125 ml Wasser, Kräuter (Rosmarin, Majoran, je ein Zweig, nur Spitzen verwenden, klein hacken), Thymian, fein gehackt

Weißkäsenocken →
400 g Magerquark, 100 g Walnüsse, 100 g Feigen, 100 g Datteln, 100 g Honig, 2 Eiweiß, 125 g Schlagsahne, 1 Zweig Minze

Roter Weinschaum
2 Eigelb, 25 g Honig (1 gestrichener Esslöffel), 125 ml Rotwein

Weisskäsenocken mit gehackten Feigen und gerösteten Nüssen auf Rotweinschaum

Für die Weißkäsenocken den Honig in einer Pfanne erhitzen. Nüsse, Feigen, Datteln fein hacken und in der Pfanne leicht karamellisieren lassen. Eiweiß sehr steif schlagen.
Den Honig mit dem Quark glatt rühren, karamellisierte Nüsse, Feigen, Datteln, Eischnee und die geschlagene Sahne behutsam unterheben. Unbedingt beachten: Sahne und Eischnee ohne weitere Zutaten fest schlagen. Die Masse in ein feuchtes Tuch schlagen und dieses in ein Sieb legen (damit sich die Flüssigkeit absetzen kann). Kühl stellen. Aus dieser Masse Nocken abstechen, auf einem Teller anrichten und mit dem Weinschaum begießen. Für den roten Weinschaum alle Zutaten in eine Schüssel geben und im Wasserbad zu einer schaumigen Masse schlagen. Die Weinempfehlung: Riesling edelsüß.

***Walter Kunz** verarbeitet frische, regionale Erzeugnisse zu mediterran geprägten Gerichten. Seit einiger Zeit bereitet er auch Römisches zu. Winzer besuchen ihn mit ihren Kunden, weil seine Speisen die hier wachsenden Weine harmonisch ergänzen. Golfer vom nahegelegenen 18-Loch-Golfplatz schätzen das Leichte seiner Küche. Waltraut Kunz empfiehlt die exzellenten Tropfen der umliegenden Weinberge: Köwericher Laurentiuslay, Klüsserather Bruderschaft, Thörnicher Ritsch, Leiwener Laurentiuslay. Das Restaurant, in dem auch Kochkurse stattfinden, sowie die dazugehörigen Ferienwohnungen liegen ideal in unmittelbarer Nähe des Mosel-Radweges.*

RESTAURANT KUNZ, KÖWERICH

EUMAGEN

Das **NEUMAGENER WEINSCHIFF** stammt aus der Zeit um 220 n. Chr. Es war das Grabmal eines Trierer Weinhändlers, das später, wie einige andere Grabmäler, im Fundament der Kastellanlage in Neumagen verbaut und im 19. Jahrhundert dort entdeckt wurde. Neumagen-Dhron liegt nahe der römischen Fernstraße Trier-Mainz. Um 275 n. Chr. wurde der Marktort mit Fährverbindung zerstört und in konstantinischer Zeit mit einer Mauer zu einem Kastell befestigt. Das Original des Weinschiffes steht heute im Rheinischen Landesmuseum in Trier, eine Nachbildung in Neumagen-Dhron.

Feine Rouladen mit roten Weinbergspfirsichen

Für 4 Personen

Die Fleischscheiben salzen und pfeffern. Mit Senf bestreichen, mit Liebstöckelblättern und klein geschnittenen Schalotten belegen. Die Scheiben aufrollen und feststecken. Die Rouladen in heißem Olivenöl anbraten und mit Rotwein und Fischsauce (ersatzweise Sojasauce) ablöschen. Zugedeckt ca. 60 Minuten schmoren lassen.
Die Pfirsiche zusammen mit gemahlenem Pfeffer, Kümmel, Dill, Minze, Honig und Essig unter das Fleisch mischen und kurz aufkochen lassen. Das Maispulver mit Wasser auflösen und die Sauce damit binden.
Mit Pfeffer abschmecken und servieren. Die Weinempfehlung: Elbling.

Römische Marmelade

Für die römische Marmelade die Aprikosen würfeln. Mit Wein, Traubensaft, Honig, Pfefferkörnern und Gelfix mischen. Minzblätter dazugeben. Das Ganze zum Kochen bringen und 4 Minuten köcheln lassen. Minzblätter und Pfefferkörner herausnehmen. Die heiße Marmelade in Gläser füllen, auf die Oberfläche frische Minzblätter legen. Die Gläser gut verschließen, auf den Kopf stellen und abkühlen lassen. Die Weinempfehlung: Riesling halbtrocken.

HEINZ UND MARIANNE OSTER *bewirtschaften fünf Hektar Steil- und Steilstlagen rings um Ediger-Eller. Besonders stolz sind der Weinbauingenieur und die Ökotrophologin auf ihre Parzellen im Ellerer Calmont. Im Familienbetrieb Oster gibt es Ferienwohnungen und kulinarische, literarisch untermalte Weinproben – auch römisch inspiriert. Marianne Oster ist verständlicherweise vom römischen Würzen, der Kräutervielfalt sowie dem Zusammenspiel von Süße, Schärfe und Säure fasziniert.*

WEINGUT HEINZ-J. OSTER, EDIGER-ELLE

Rouladen

8 kleine Scheiben Schweinefleisch (100 - 150 g aus der Keule), Salz und Pfeffer, 4 Tl grober, süßer Senf, Blätter vom Liebstöckel, 4 Schalotten, 3 El Olivenöl, 250 ml Rotwein, 4 El Garum oder Fischsauce, 500 g Rote Weinbergspfirsiche, 1 Msp. Kümmel, 1 El Dill, gehackt, 1 El Honig, 1 El Weinessig, 2 El Minze, gehackt, 2 Tl Maispulver

Römische Marmelade

600 g Aprikosen, 150 ml süßer Weißwein, 150 ml Traubensaft, 500 g Honig, 1 Tl rote Pfefferkörner, 1 Päckchen Gelfix, einige Blätter Minze

NEHREN

Die Grabkammer **HEIDENKELLER.** Offenbar war ein reicher Römer oder romanisierter Bewohner von der Schönheit dieses Platzes über der Mosel bei Nehren so fasziniert, dass er dort beerdigt werden wollte. In den Römergräbern ist die ursprüngliche Bemalung der Wände und des Gewölbes an einigen Stellen noch original erhalten. Über den eigentlichen Grabkammern wurden die Schutztempel rekonstruiert. Aufgrund der Grabbeigaben werden die Tempelchen in die 2. Hälfte des 4. Jh. n. Chr. datiert.

Schneckentasche

Pfannkuchenteig
50 g Mehl, 125 ml Milch, 2 Eier, Salz, Muskat, gehackte Petersilie

Schnecken
30 Schnecken aus der Dose, 1/2 Zwiebel, fein gewürfelt 80 g feine Möhrenwürfel, 80 g feine Lauchwürfel, 50 g feine Selleriewürfel, 1/2 Bund gehackte Petersilie, Salz, Pfeffer, 1-2 Knoblauchzehen, gepresst, Schnittlauch

Rieslingsauce
1/2 Zwiebel, fein gewürfelt 80 g feine Möhrenwürfel, 80 g feine Lauchwürfel, 50 g feine Selleriewürfel, 1/2 Bund gehackte Petersilie, 200 ml Moselriesling, 200 ml Sahne, 100 ml kräftige Brühe, 50 g Butter, Salz , Pfeffer, Muskat

IN EINER RIESLINGRAHMSAUCE

Für 10 Personen

Für den Pfannkuchen gesiebtes Mehl mit der Milch glatt rühren. Aufgeschlagene Eier und Gewürze unterarbeiten. Mit etwas Fett dünne Pfannkuchen backen. Zwiebelwürfel in Butter anschwitzen. Die Gemüsewürfel dazugeben und ebenfalls anschwitzen. Die Schnecken dazugeben und mit Weißwein ablöschen. Mit Sahne auffüllen und einkochen lassen. Nun mit Salz, Pfeffer und Knoblauch abschmecken. Anschließend die gehackte Petersilie dazugeben und abkühlen lassen. Je drei Schnecken in die Mitte eines Pfannkuchens legen. Von allen Seiten nach oben verschließen und mit einem Schnittlauchhalm zubinden.

Für die Rieslingsauce Zwiebelwürfel in Butter anschwitzen. Möhren-, Lauch- und Selleriewürfel dazugeben. Mit Riesling ablöschen. Nun mit der Sahne und der Brühe auffüllen, einkochen lassen und anschließend mit Salz, Pfeffer und Muskat abschmecken. Warm halten.

Die Schneckentaschen im Backofen bei 140 Grad 10-15 Minuten erhitzen. Je eine kleine Kelle der Rieslingsauce in die Mitte der Teller geben. Jeweils eine Schneckentasche darauf setzen und mit Petersilie bestreuen. Die Weinempfehlung: Riesling halbtrocken.

Küchenmeister **DIRK POHL** *kocht mit frischen Zutaten gutbürgerliche Küche, zu der sich auch römische Gerichte gesellt haben. Auf der Weinkarte stehen fast ausschließlich Weine von Kinheimer Winzern. Auch die Spirituosen sind aus der Region. Hotelmeister Rolf Pohl kümmert sich um die Gäste, darunter viele Individual- und Busreisende aus Deutschland, England und Belgien. Die Terrasse bietet Moselblick und das Hallenbad Sauna und Solarium.*

HOTEL-POHL ZUM ROSENBERG, KINHEIM

KINHEIM

Steinskulptur des Gottes **SUCELLUS.** In Kinheim-Kindel wurde 1976 in den Überresten einer römischen Villa in den Weinbergen ein Sucellus-Relief gefunden, das heute im Landesmuseum in Trier ausgestellt ist. Im Sitzungssaal der Gemeinde steht eine Nachbildung. Sucellus ist der gallo-römische Schutzgott der Moselwinzer und Küfer – dargestellt mit Schlegel, Traube und Fässern. Etymologisch bedeutet Sucellus „der, der gut zuschlägt" und damit die Reifen auf die richtige Stelle auf den Fassdauben bringt. Das Relief stammt vermutlich aus der zweiten Hälfte des 3. Jh. und dokumentiert den damaligen Weinanbau in Kinheim.

Hühnchen in Walnusssauce mit römischen Champignons und marinierten Möhren

Für 4 Personen

Champignonköpfe im Ganzen putzen, mit Meersalz, Pfeffer und Essig würzen. Alle Kräuter hinzugeben und mit dem Weißwein auffüllen, vermischen und einige Zeit ziehen lassen. Das Olivenöl in einen Topf geben und sehr heiß werden lassen, die klein geschnittenen Schalotten darin dünsten, die übrigen Zutaten hinzugeben, den Topf verschließen und bei mittlerer Hitze ca. 5 Minuten köcheln lassen. Mit ein wenig Honig und nach Geschmack mit einigen Tropfen Fischsauce abschmecken.

Das Hühnchen säubern und mit dem grob zerkleinerten Gemüse und den Gewürzen in einem großen Topf mit Wasser und etwas Weißwein kurz aufkochen. Anschließend auf kleiner Flamme ca. 1-1,5 Stunden köcheln lassen. Das Fleisch sollte leicht von den Knochen zu entfernen sein. Man zupfe das Hühnchenfleisch in mundgerechte Stücke und lasse es erkalten.

Die Westfälin **ANETTE TENGELMANN** *lebt in Burgen bei Bernkastel-Kues, „im schönsten Seitental der Mosel", wie sie selbst betont. Sie habe sich an der Landschaft rund um den Umlaufberg gar nicht satt sehen können, sei wieder und wieder hergekommen und schließlich ganz geblieben. Inzwischen hat sie ihre Leidenschaft zum Beruf gemacht und eine Ausbildung zur Weinerlebnisbegleiterin (www.weinerlebnisbegleiter.de) absolviert. Sie bietet Touren auf den Spuren der Römer an, wobei es auch um deren Alltags-, Wein- und Tischkultur geht. Weinproben kann man ebenfalls bei Anette Tengelmann buchen.*

ANETT

Römische Champignons

500 g ganze Champignons, Meersalz, zerstoßener schwarzer Pfeffer, 1 Schuss Weißweinessig, 250 ml trockener Weißwein, Thymian, 1 Lorbeerblatt, 8 Korianderkörner, 1 Hand voll römische Kräuter nach Wahl, 150 ml Olivenöl, 4 Schalotten, Honig und Fischsauce zum Abschmecken

ENGELMANN, BURGEN

Hühnchen
1 kleines Huhn, 2 Möhren, 1 Stück Sellerie, 1 Zwiebel, 1 Stange Lauch, Meersalz, 1 Zweig Liebstöckel, 4 Pfefferkörner, 4 Korianderkörner, 2 Lorbeerblätter, evtl. 50 g Rosinen in 50 ml Wein eingelegt

Sauce
ca. 100 g altbackenes Weißbrot (ohne Rinde), 1 Hand voll Walnüsse, Olivenöl, 1-2 Knoblauchzehen, schwarzer Pfeffer aus der Mühle, Honig zum Abschmecken

Marinierte Möhren ↑
ca. 1 kg junge Möhren, 200 ml trockener Weißwein, Weißweinessig, 4 El Honig, 3 Tl Kümmel, etwas gestoßener Kreuzkümmel, Meersalz, 60 g Pinienkerne oder Mandelstifte, 3 El Olivenöl

Für die Sauce das Weißbrot in etwas Brühe einweichen, Walnüsse mahlen, Knoblauch in einem Mörser fein zerdrücken. Alles zu einer breiigen Masse verrühren und mit Meersalz, Pfeffer und Honig (nach Bedarf auch Fischsauce) abschmecken. Die Masse über die Hühnchenstücke verteilen und mit etwas fein geschnittenem Koriandergrün überstreuen. Tipp: Wer mag, kann auch noch in süßem Wein getränkte Rosinen unter die Masse heben.

Geputzte Möhren in Streifen schneiden und in ein wenig Wasser ca. 10 Minuten garen. Sie sollten noch etwas knackig sein. Wein, Weinessig, Honig und beide Sorten Kümmel aufkochen. Möhren in eine Schüssel schichten, mit dem Sud übergießen und 12 Stunden ziehen lassen. Pinienkerne oder Mandelstifte ohne Fett in einer Pfanne rösten. Die abgetropften Möhren anrichten und mit den Pinienkernen überstreuen. Die Weinempfehlung: Riesling halbtrocken.

RÖMISCHE KELTERANLAGE. Der Ortsname Burgen ist vermutlich von „burgus" abgeleitet. Von den Verkehrswegen im Moseltal liefen viele Querverbindungen, meist an Bachläufen, zu der großen Römerstraße. Zu deren Schutz bauten die Römer an strategisch wichtigen Punkten befestigte Militärlager, „burgus". Im Nachbarort Brauneberg wurden 1990/1991 zwei miteinander verbundene Kelteranlagen entdeckt und teilweise rekonstruiert. Erbaut wurden sie vermutlich in mehreren Bauphasen zwischen der zweiten Hälfte des 3. bis zur ersten Hälfte des 5. Jh.

BRAUNEBERG

1 l Apfel- und/oder Birnensaft,
5 Blättchen Weinraute,
4 Zweige Minze, 5 Blätter
Lorbeer, 3 Tl Koriandersamen

OHNE ALKOHOL

Man nehme den frischen Saft der gepressten Äpfel und/oder Birnen und lege darin die Weinraute, die Minze (Fruchtminzen, wie Marokkanische Minze, Spearmint oder Apfelminze), den Lorbeer und 3 Teelöffel zerstoßene, getrocknete Koriandersamen (Variante: je 1 Tl Kümmel, Fenchel und Koriander) ein.

Diese Mischung lasse man einen ganzen Tag (24 Std.) im Schatten (zimmerwarm) stehen und seihe dann die Gewürze ab. Evtl. mit ein wenig Honig nachsüßen.

Mit frischem Quellwasser oder gekühltem Sprudel 1:1 auffüllen und direkt genießen. Der Ansatz hält sich mehrere Tage im Kühlschrank und kann zur Konservierung auch zu Sirup eingekocht werden.

__SALVIALEA__, die Kräutergärtnerei von Tina Zipf, liegt zwischen Birkenfeld und Idar-Oberstein. Bei ihr wachsen rund 180 verschiedene Sorten, davon viele „römischen" Ursprungs: Weinraute, Basilikum, Liebstöckel, Kümmelthymian oder Lavendelsalbei ...
Die Topfkräuter werden kontrolliert biologisch kultiviert. Ebenso wichtig ist der Gärtnerin und Diplom-Pädagogin die Vermittlung ihres Wissens in Seminaren zu den Themen Wildkräuter, Anbau, Ernte und Verwendung der Kräuter und Heilpflanzen.

SALVIALEA, LEISEL

SIRONA-WEG

Der 107 Kilometer lange **SIRONA-WEG** führt von der Altburg bei Bundenbach zur Altburg bei Weyersbach.
Er ist der ranghohen gallo-römischen Göttin Sirona (zuständig für Brunnen, Bäche, Flüsse) gewidmet. Bei dem Quellheiligtum bei Hochscheid wurde eine Sirona-Statue gefunden. Der Weg verbindet sich am Archäologiepark Belginum mit der Ausoniusstraße. Am Sirona-Weg liegen viele Zeugnisse aus der keltisch-römischen Epoche zwischen dem 6. Jh. v. Chr. bis zum 5. Jh. n. Chr.

Moretum

Für 4 Personen

Gewürze und zerkleinerte Knoblauchzehen mischen und zerdrücken (evtl. in einem Mörser). Mit dem zerbröckelten Schafs- und dem Frischkäse mischen. Mit etwas Öl glatt rühren und mit einem Schuss Winzeressig abschmecken. Die Weinempfehlung: Riesling edelsüß.

Römische Süssspeise Dulcia

Für 4-6 Personen

Die Speisestärke mit 3 Esslöffel Milch vermischen, die Pinienkerne im Mörser zerstampfen und dazugeben. Wein, Honig, Eier und Pfeffer hinzufügen. Die restliche Milch erhitzen, dann die vorbereitete Masse hinzugeben und unter Rühren kurz aufkochen lassen. Die Creme in eine Schüssel gießen und kalt stellen. Nach Belieben mit Trockenfrüchten und Walnüssen garnieren. Die Weinempfehlung: Riesling edelsüß.

Weinerlebnisbegleiterin **MARLENE BOLLIG** *bietet Erlebnistouren auf Römerpfaden mit Weingenuss nach den Wünschen ihrer Gäste an. „Durch die Laurentiuslay zum Hinkelstein", „Auf den Spuren Konstantins", „Die Piesporter Kelteranlage – Symbol für 2000 Jahre Moselwein-Kultur". Es sei unvergesslich hoch oben, mitten in einem erklommenen Weinberg mit Fernblick, auf einer sonnenwarmen Schieferbank sitzend den Riesling zu kosten, der dort gewachsen ist, sagen Gäste. Auch ein „römisches" und ein „moselländisches" Picknick werden angeboten.*

MARLENE BOLLIG, TRITTENHEIM

RÖMERSTEIG

Von Trittenheim nach Minheim führt der 20 Kilometer lange beschilderte **RÖMERSTEIG**. Er überwindet mehrfach bis zu 300 Meter Höhenunterschied und erfordert stellenweise Trittsicherheit und Kondition. Der „Hinkelstein" steht am Beginn des Weges: ein Menhir, der seit über 3000 Jahren dort steht. Weiter führt der Weg durch Neumagen-Dhron, das in konstantinischer Zeit ein Kastell war und Schätze aus römischer Zeit zeigt. Von dort geht es nach Piesport mit der größten der bisher entdeckten rekonstruierten Kelteranlagen nördlich der Alpen. Das im Ortsteil Niederemmel gefundene Diatretglas zeugt von Luxus, der nur dem Kaiser und ihm nahestehenden Personen zustand. Von dort führt der Weg weiter bis Minheim.

Moretum

300 g Schafs- oder Ziegenkäse, 200 g Frischkäse, 1 Tl Koriander, 1 Tl Kreuzkümmel, etwas Liebstöckel, Rosmarin, Thymian und Weinraute, 2 Knoblauchzehen, Olivenöl, Winzeressig

Dulcia

80 g feine Speisestärke, 1 l Milch, 200 ml trockener Weißwein, 12 El Honig, 6 El Pinienkerne, 4 Eier, 2 gestrichene Tl Pfeffer, Trockenfrüchte nach Wahl (Rosinen, Datteln, Pflaumen, Aprikosen), Walnusskerne

HOLUNDERSABAYON MI

200 ml Holundermuttersaft (reiner Saft), 100 ml Weißwein, lieblich, 7 Eigelb, 1 Voll-Ei, 100 ml Honig, 1 Spritzer Weinessig, 1 Prise Salz, 100 ml naturtrüber Apfelsaft, 100 ml Wasser, 1 Prise Salz, 20 ml Walnussöl, 200 g Dinkelmehl, 50 g Kastanienmehl, 6-8 Eier, 3 mittlere Äpfel, 50 g Kastanien, geschält, 20 g Honig, 50 ml Apfelsaft, etwas Anis und Fenchelsamen, 1 Prise Salz

Apfel-Kastanien-Profiteroles

Für 4 Personen

Teig vorbereiten. Apfelsaft, Wasser und Walnussöl aufkochen, gesiebtes Mehl einrühren und etwas abbrennen. Teig etwas abkühlen lassen und die Eier einzeln zu einem glatten Teig einarbeiten. Brandteig zu Profiteroles abstechen und bei 180 Grad ca. 15 Minuten backen. Abkühlen lassen und aufschneiden. Äpfel schälen und mit den anderen Zutaten aufkochen, aufmixen und durch ein Sieb passieren.
Holundersaft mit den anderen Zutaten vermischen und im Wasserbad zur Rose aufschlagen (bis die Masse cremig wird und einen Rührlöffelrücken überzieht). In einen vorgewärmten Suppenteller einfüllen. Die Profiteroles mit dem Mus füllen und in der Sabayon servieren. Mit eingekochtem Honig und einigen karamellisierten Apfelspalten verzieren. Die Weinempfehlung: Weißburgunder edelsüß.

Küchenmeister **MATTHIAS KLEIN** *kocht mit Hunsrücker Zutaten. Es gibt Ochsenbouillon, Flammkäse, Weidekalb oder hausgemachten Schwartenmagen. Früher beköstigte der Küchenmeister im Staatsgästehaus Petersberg Prominente wie Bill Clinton, Boris Jelzin, Kaiser Akihito oder Michael Schumacher. Inzwischen ist er von den Rezepten des kaiserlichen Koches Apicius inspiriert und bietet seinen Gästen auch römische Gerichte und Buffets an. Seine Frau Susanne berät die Gäste bei der Auswahl der Speisen und der Weine vom nahen Rhein und von der Mosel.*

HOTEL-RESTAURANT ZUM FELSENKELLER, SOHREN

Lammschulter mit Frischkäse und mit Apfelmostjus

Für 4 Personen

Den Teig am Vortag zubereiten. Zutaten und Würzmischung vermengen und schnell zu einem gleichmäßigen Teig kneten. Teig in Folie packen, kühl stellen und ruhen lassen.
Lammschulter mit Rosmarin, Pfeffer und Öl einreiben. Lammknochen klein hacken und mit dem klein geschnittenen Röstgemüse (Möhre, Zwiebel, Sellerie) anrösten. Mit Apfelmost und Rotwein mehrfach ablöschen und reduzieren lassen. Sauce mit Wasser, Sirup, Essig und Gewürzen zu einer kurzen Jus auffüllen und köcheln lassen.
Frischkäse mit Honig, Schnittlauch, Essig, Salz und Ei zu einer glatten Masse verrühren.
Lammschulter leicht salzen, mit der Frischkäsemasse füllen und einrollen. Den Teig ca. 1 cm dick ausrollen und die Fleischroulade einschlagen.
Mit etwas Olivenöl bestreichen und bei 150 Grad ca. 45 Minuten im Ofen backen. Reduzierte Jus absieben, entfetten, abschmecken und mit der Butter montieren. Lammschulter in Scheiben tranchieren und auf einem Saucenspiegel anrichten. Die Weinempfehlung: Spätburgunder trocken.

SOHREN

An Sohren führt der **AUSONIUS-WEG** vorbei, der Bingen mit Trier verbindet. Er folgt jenem Weg, den Decimus Magnus Ausonius 368 n. Chr. zurückgelegt und 371 n. Chr. in der „Mosella" beschrieben hat. Bei Dill gibt es an der Ausonius-Schutzhütte Römerspiele und einen rekonstruierten römischen Wachturm. Der Archäologiepark Belginum liegt ebenfalls am Weg. Die ca. 120 km lange Wanderstrecke verläuft teilweise auf der römischen Originaltrasse, teilweise auf Wanderwegen. Ab Elzerath kann man zwischen dem kürzeren Weg nach Gräfendhron oder dem Originalweg über Piesport und Neumagen-Dhron entlang der Mosel wählen.

ONIG, IM WÜRZBROT GEBACKEN

800 g ausgelöste Lammschulter, 2 Zweige Rosmarin, grober Pfeffer, 10 ml Olivenöl, 200 g Frischkäse,30 g Waldhonig, 100 g Schnittlauch, 10 ml Weinessig, Salz, 2 Eigelb, 150 g Roggenmehl, 150 g Dinkelvollkornmehl, 50 g Olivenöl, 50 g Schmalz, 1 Voll-Ei, Würzmischung aus Salz, Pfeffer, Kümmel, Anis, Fenchelsamen, Koriander, Melisse und Minze, Lammknochen von der Schulter, 1 Karotte, 1 Zwiebel, 1/2 Sellerieknolle, 100 ml Apfelmost, 100 ml Rotwein, 1 El Apfelsirup, 10 ml Apfel-Balsamico-Essig, Salz, Pfeffer, Koriander, 50 g Butter

FLEISCHBÄLLCHE
MIT EINER WÜRZIGE

Fleischbällchen

2 kg gemischtes Hackfleisch
2 in Wein eingeweichte Bröt
chen, 2 Eier, 50 g Pinienker
1 Tl gemahlener schwarzer
Pfeffer, 1 Tl zerdrückte Wa-
cholderbeeren oder rote
Beeren, 1 Tl frisch gehackte
Liebstöckel, 2 Tl Oregano,
1 Tl Selleriesalz, 1,5 Tl Salz,
6 El Fischsauce oder Wor-
cestersauce, Öl

ACH RÖMERART
INIEN-WEIN-SAUCE

Für 12 Personen

Eine Abwandlung des im Kochbuch des Apicius enthaltenen Rezeptes der „Crépinettes".

Alle Zutaten für den Hackfleischteig gut miteinander vermischen. Kleine Fleischbällchen formen und in einer großen Pfanne (oder Bräter) mit Öl braten. Wenn sie kalt gegessen werden, darauf achten, dass sie richtig durchgebraten sind und sofort kühl stellen!

Weitere Varianten:
Den Hackfleischteig in Wursthaut füllen (wie bei den von Apicius beschriebenen „Crépinettes"), in Wasser kochen und mit der kalten Sauce servieren.
Den Hackfleischteig in Trauben- oder Kohlblätter füllen und gar schmoren.
Alle Zutaten für die Pinien-Wein-Sauce gründlich miteinander verrühren.
Wer es sämiger liebt, kann alles mit einem Stabmixer pürieren.
Wer möchte, kann die Pinienkerne auch mit etwas Wein aufkochen und 12 Stunden im Kühlschrank durchziehen lassen.
Die Sauce lässt sich einige Tage im Kühlschrank aufbewahren.

Die Fleischbällchen können heiß oder kalt mit der Pinien-Wein-Sauce verzehrt werden. Ergibt ca. 45 kleine Bouletten, ausreichend für ca. 12 Personen als römische Vorspeise. Auf 3 Fleischbällchen ca. 1 Esslöffel Sauce geben. Die Weinempfehlung: Elbling trocken.

inien-Wein-Sauce

Tl gemahlener weißer Pfeffer, Tl gemahlener Kümmel, 1 Tl isch gehackter Liebstöckel, Tl Selleriesalz, 2 Tl frischer, ehackter Thymian, 150 g in Vein eingeweichte Pinienerne, 125 g gemahlene Mandeln, 2-3 El Honig, 2-3 l Apfel-Balsamico, 1-2 El Fischauce, 9 El Wasser, 4-5 El livenöl

1 kg geschälte, entkernte Birnen, 125-200 ml Weißwein, 2-3 El Honig, 100 ml Trockenbeerenauslese oder 3 El eingekochter Most und 50 ml süßer Wein, etwas Öl, 50 ml Fischsauce oder 1/4 Tl Salz, 1/2 Tl zerstoßener oder gemahlener Kümmel, 1/2 Tl zerstoßene oder gemahlene Aniskörner, 1/2 Tl gemahlener Pfeffer, 6 Eier, Pfeffer aus der Mühle

Römischer Birnenauflauf

Für 4-6 Personen

Eine Abwandlung des im Kochbuch des Apicius enthaltenen Rezeptes der „Patina de piris"

Die Birnen in ein wenig Wein weich kochen (5-10 Minuten), etwas abkühlen lassen und pürieren. Den Honig, „Passum", Öl und die Gewürze unterrühren und mit den verquirlten Eiern vermischen. Alles in eine flache Auflaufform füllen und bei 175 Grad ca. 30 Minuten backen. Vor dem Servieren nach Belieben mit Pfeffer aus der Mühle bestreuen.
Der Auflauf schmeckt warm sehr lecker in der kalten Jahreszeit und gut gekühlt im Sommer. Zeitaufwand inkl. der Backzeit ca. 60 Minuten. Die Weinempfehlung: Riesling edelsüß.

KELTERANLAGE ERDEN. Die Kelteranlage wurde vermutlich schon in der Mitte des 3. Jh. n. Chr. erbaut und im 4. Jh. erweitert. Bei diesem Ausbau entstand auch ein „Fumarium" (eine Art Rauchkammer). Im 5. Jh. wurde die gesamte Anlage zerstört. Trotzdem wurde Funden zufolge der Platz der Anlage noch bis zum 9. oder 10. Jh. begangen. Im Jahr 774/775 schenkte eine „Theodrada" dem Kloster Echternach den Weinberg mitsamt dem Hörigen Austrobald, der möglicherweise den Platz bei der Kelter bewohnte. Eine Exkursion in die bekannte Weinlage „Erdener Treppchen" bietet sich an.

Winzer, Gastronomen und an der römischen Kultur Interessierte aus Erden und Umgebung gründeten 1993 den **FÖRDERVEREIN RÖMERKELTER ERDEN E.V.** *Der Verein half bei der Ausgrabung und bewirkt, dass die Kelteranlage kein totes Mauerwerk, sondern ein mit Leben erfülltes Kulturdenkmal ist, das die fast 2000-jährige Geschichte der Erdener Weinlagen erlebbar macht. Die Mitglieder bieten Führungen, Koch-Workshops und Veranstaltungen wie „Viel Spaß mit den Römern" an.*

Der Gastraum im Schutzbau der Kelteranlage kann für römische Essen und Weinproben gemietet werden.

RUTH OSTER VOM FÖRDERVEREIN RÖMERKELTER ERDEN E.V.

ERDEN

Im **RÖMERZEITLICHEN KELLER** in Kenn können originalerhaltene Baureste aus der Römerzeit besichtigt werden. Vermutlich gehören alle Funde im Ort zu einer großzügigen „Villa urbana", auf deren Überreste seit einem großen Brand im Jahr 1822 immer wieder gestoßen wird. Highlight der bisherigen Funde ist eine 1844 gefundene Kalksteinskulptur. Die laszive „Kenner Quellnymphe" wurde etwa 150 n. Chr. geschaffen. Das Original befindet sich im Rheinischen Landesmuseum; eine Nachbildung steht auf dem Kenner Römerplatz.

RÖMISCHES

Schnitzel

1 Zwiebel fein gewürfelt, 200 g gekochter Schinken, 200 g Pinienkerne, Olivenöl, frische Kräuter (Oregano, Thymian, Petersilie, Lavende Rosmarin), Meersalz, Pfeffer, 600 g parierter (von Fett

Weinbautechniker **WOLFGANG NEUERBURG** *und Koch* **LOTHAR RONG** *bieten eigene Weine sowie Tropfen von etwa 20 Ruwer-Winzern an. „Es gibt an der Ruwer gleich mehrere Weingüter, die zu den hundert besten der Welt gezählt werden. Neben den großen Namen bieten wir spannende Entdeckungen an", sagt Winzersohn Neuerburg. Die Weine können einzeln gekauft oder im Restaurant getrunken werden, wo Lothar Rong frisch, ohne Konservierungsmittel und Geschmacksverstärker, kocht. Es gibt einzelne römische Gerichte auf der Karte. Komplette römische Menüs gibt es nach Vorbestellung.*

SCHNITZEL MIT GRAUPENGEMÜSE

Für 4 Personen

nd Silberhaut befreit)
chweinerücken, 1 Ei, Mehl,
utterschmalz

emüse
50 g Graupen, 2 Karotten,
Stange Lauch, Olivenöl,
alz, Pfeffer, 2 l Gemüsebrühe
elber hergestellt)

Den gekochten Schinken in Würfel schneiden und mit der Zwiebel und den Pinienkernen in Olivenöl anbraten. Die frischen Kräuter untermischen. Die Schweinelachse in Schmetterlingssteaks schneiden, mit den Zwiebel-Schinken-Würfeln füllen und mit einer Rouladennadel fixieren.

Die gefüllten Schnitzel erst in Mehl und dann in einem geschlagenen Ei wenden und in einer Pfanne bei mittlerer Hitze in Butterschmalz braten.

Die Graupen über Nacht einweichen. Die Karotten in Würfel schneiden und sautieren. Den Lauch in dünne Scheiben schneiden und andünsten, die Karotten und die Graupen dazugeben und direkt mit reichlich Gemüsebrühe angießen (ca. 2 Liter) und dann weich kochen lassen. Das Gemüse im Sieb abtropfen lassen und mit Salz und Pfeffer abschmecken.

Wer möchte, kann zu dem Schnitzel eine Riesling-Sahne-Sauce reichen. Dazu eine Schalotte würfeln und in Butter glasig dünsten. Mit Mehl bestäuben, anschwitzen lassen und mit Rieslingwein und Sahne ablöschen. Mit Salz und Pfeffer abschmecken und reduzieren lassen. Die Weinempfehlung: Riesling trocken.

Gewürzschinken mit „Defrutum"

Für 4 Personen

Frischen, unvergorenen Traubenmost auf die Hälfte bis maximal auf ein Drittel seines ursprünglichen Volumens einkochen. Hierzu eignen sich rote oder weiße Traubenmoste. Man kann auch lieblichen Wein oder Traubensaft einkochen!
Die Melone waschen, halbieren, entkernen und in Achtel-Stücke zerteilen. Den fein aufgeschnittenen Schinken für jeden Gast auf einem Teller anrichten, dazu einige Melonenstücke.
„Defrutum" in kleine Glasschalen füllen und als Dip für jeden Gast auf den Teller dazugeben. Bitte den Gästen sagen: sehr würzig und konzentriert, daher reichen kleinste Mengen. Die Weinempfehlung: Weißburgunder edelsüß.

Spanferkelbraten nach Marcellus

Für 15-20 Personen

Das Spanferkel wird nach römischer Art zubereitet: mit Salz bestreichen und die Haut mit Einschnitten versehen. Aus Pfeffer, Liebstöckel, Wein, „Defrutum" und Öl eine Marinade herstellen und damit den Braten innen und außen bestreichen. So wird er auch unter der Schwarte saftig. Die Weinempfehlung: Riesling trocken.

WEINKULTURGUT LONGEN-SCHLÖDER, LONGUICH

*Das Ehepaar **MARKUS** und **SABINE LONGEN** hat am Ortsrand, wo die Weinberge beginnen, eine Vinothek mit Restaurant und Terrasse eingerichtet. Der Weinbau-Techniker baut Spätburgunder, Merlot und Cabernet Sauvignon, Riesling und Weißburgunder an. Die Küche verarbeitet frische Zutaten aus der Region. Die Karte wechselt mit der Saison und bietet stets mindestens ein römisches Gericht. Tourismus-Kauffrau Sabine Longen bietet mit anderen Gästeführern des Heimat- und Verkehrsvereins Longuich-Kirsch e.V. Führungen und Weinproben in der römischen „Villa urbana" an.*

DIP UND MELONE

Gewürzschinken
800 g Gewürzschinken, fein tranchiert, 2 Honigmelonen

Defrutum
1 l eingekochter Traubenmost

Spanferkel
1 Spanferkel, ca. 10 kg (für 4 Personen eine Spanferkelkeule von 2 kg nehmen), großer Grill oder beim Metzger abgrillen lassen, grobes Salz Pfeffer, 1 Bund frischer Liebstöckel, 250 ml halbtrockener Rieslingwein, Defrutum, etwas Olivenöl

LONGUICH

VILLA URBANA Die römische „Villa urbana" in Longuich wurde 1984 während der Flurbereinigung entdeckt: Eine 110 Meter mal 28 Meter große Anlage, die gegen Ende des 2. Jh. n. Chr. anstelle einer älteren „Villa rustica" erbaut worden war. Zu sehen sind u. a. Reste der ehemaligen Badeanlage mit „frigidarium", „caldarium", „hypokaustum", „tubuli" sowie einer Latrine mit Abflussrinne. Bemalter Wandputz, Marmorverkleidungen und Glasmosaiken lassen auf eine palastartige Villa gehobener Ausstattung schließen, die offenbar den Germaneneinfällen Mitte des 4. Jh. zum Opfer gefallen ist.

Gefüllte Lammkotelett auf warmem Saubohnen

Saubohnen-Hirsesalat
100 g Hirse, 80 g Saubohnen, 1 Bund Frühlingslauch, 1 Knoblauchzehe, Minze, Koriander, Petersilie, 30 ml Olivenöl, Salz, Pfeffer

Oliventapenade
100 g Oliven, 50 ml Olivenöl, 1 Knoblauchzehe

Lammkoteletts
12 Lammkoteletts, 80 g Lammhackfleisch, 20 g geröstete Pinienkerne, 1 Tl Gewürzmischung (Kümmel, Lorbeer, Bohnenkraut, Salz, Pfeffer), 2 Knoblauchzehen, 1 Zweig Rosmarin und Thymian, Petersilie, fein gehackt, 10 ml Rotwein

NACH „LUKANISCHER ART”
HIRSESALAT UND OLIVENTAPENADE

Für 3-4 Personen

Für den Salat die Saubohnen in Wasser und Salz weich kochen.
Die Hirse mit lauwarmem Wasser bedecken und 15 Minuten quellen lassen. In einem Sieb gut abtropfen lassen. Frühlingslauch in sehr feine Ringe schneiden. Petersilie, Koriander, Minze hacken und zusammen mit dem Olivenöl, Salz und Pfeffer vermischen. Den Knoblauch darüber pressen. Das Ganze vorsichtig mit den Saubohnen unter die Hirse geben.
Für die Oliventapenade die Oliven ohne Stein mit dem Olivenöl, etwas Knoblauch und Salz zu einem homogenen Brei mörsern.
Lammhackfleisch mit gemörserten Gewürzen, Pinienkernen und Petersilie vermischen. In die Lammkoteletts eine Tasche schneiden und mit der Hackmasse füllen. Die Koteletts würzen und mit Knoblauch und Kräuterstrauß in Olivenöl anbraten. Mit dem Rotwein ablöschen und im Ofen bei 165 Grad ca. 6 Minuten garen. Die Weinempfehlung: Spätburgunder trocken.

RÖMISCHER *könnte kein Standort sein: Das Hotel steht nämlich direkt gegenüber der Porta Nigra. Einmalig ist die Aussicht aus dem Restaurant „Forum” in der ersten Etage: Die großen Glasflächen bieten einen freien Blick auf den monumentalen Bau. Küchenchef John Haley kocht mit frischen Zutaten aus der Region und bietet auch römische Gerichte an. Die Weinkarte offeriert feine deutsche Weine, darunter die Mosel-Rieslinge engagierter Winzer.*

MERCURE HOTEL TRIER PORTA NIGRA, TRIER

TRIER

DIE PORTA NIGRA, Wahrzeichen der Stadt, gehört zum Weltkulturerbe der Unesco. Das Stadttor sollte Festungs- und Verteidigungsfunktionen übernehmen und einen monumentalen, triumphbogenartigen Abschluss der Straße bilden. Das im letzten Viertel des 2. Jh. n. Chr. erbaute Tor gilt als das am besten erhaltene der antiken Welt und als größtes Torwerk. Oberirdisch besteht es aus 52 Quaderlagen aus weißem Sandstein. Die Steine sind ohne Vermörtelung durch horizontale, bleivergossene Eisenkrampen lagenweise miteinander verbunden.

Ziegenkäsecremesuppe ↓
375 ml trockener Riesling, 500 ml Rindsuppe, 120 g Ziegenfrischkäse, 1 El Bulgur, 1 Salatgurke, 1 Rote Bete, 2 kleine Zwiebeln, 1 Knoblauchzehe, Rosmarin, Petersilie, Fischsauce, Olivenöl, Zimt, Salz, Pfeffer

Salatcremesuppe
1 l Hühnerbrühe, 3 El Öl, 200 g Lattich oder Kopfsalat, 2 Zwiebeln, 280 g TK Erbsen, Sauerrahm, Fischsauce, Salz, Pfeffer, Muskat, Dill

GEKÜHLT ▸

WEINSTUBE B. SCHENK-OSTER, WALDRACH

DIE ÄLTESTE WEINSTUBE *an der Ruwer ist 70 Jahre alt und besticht durch lebendige und unverfälschte Tradition. Im zuvor elterlichen Weingut bietet Barbara Wünsch-Schirmer ihren Gästen neben Ruwer-Wein auch passende Speisen an: hausgebeizten Lachs und geräucherte Forellen, hausgeräucherten Wildschweinschinken mit Preiselbeeren. Außerdem gibt es Suppen und Eintöpfe, Weinschaumcreme, Apfeltorte und wechselnde römische Gerichte. „Urlaub auf dem Weingut" im idyllischen Ruwertal bietet die quirlige Diplom-Getränketechnologin ebenfalls an.*

IEGENKÄSECREMESUPPE

Für 4 Personen

Zwiebeln und Knoblauch fein schneiden. Knoblauch und die Hälfte der Zwiebeln in Olivenöl anschwitzen. Mit 125 ml Wein ablöschen. Gemeinsam mit dem Käse, der Suppe und ein wenig Rosmarin fein mixen. Salzen, pfeffern, gut kühlen. Petersilie hacken, mit Fischsauce, 1 Teelöffel Olivenöl, Salz, Pfeffer, Zimt und 1 Esslöffel Bulgur vermischen und ziehen lassen. Gurke schälen, entkernen und in Würfel schneiden. Rote Bete grobwürfelig schneiden und gemeinsam mit den restlichen Zwiebelwürfeln in Öl anschwitzen. 250 ml Wein angießen, alles weich kochen. Mit Salz und Pfeffer abschmecken. Suppe in eisgekühlte Teller schöpfen, Gurken- und Rote Betewürfel hineinsetzen. Suppe mit Bulgurpetersilie bestreuen und servieren. Die Weinempfehlung: Riesling trocken.

SALATCREMESUPPE

Für 4 Personen

Die Zwiebeln schälen und klein hacken. Den Salat waschen und in kleine Stücke zupfen. Das Öl in einem Topf erhitzen und die Zwiebeln kurz anbraten. Den Salat dazugeben und unter Rühren weich dünsten. Die Hühnerbrühe und die Erbsen unterrühren und kurz aufkochen lassen. Die Suppe mit Fischsauce, Muskat, Dill, Salz und Pfeffer abschmecken und 15-20 Minuten köcheln lassen. Anschließend die Suppe pürieren, den Sauerrahm unterrühren und ganz kurz nochmals erwärmen. Die Weinempfehlung: Riesling halbtrocken.

ROTES HIRSCH-GESCHNETZELTES

Für 4 Personen

Das Fleisch von Sehnen befreien und kurz abspülen. Mit Küchenkrepp abtrocknen und in Streifen schneiden. Die Zwiebeln schälen und in feine Scheiben schneiden. Die Champignons putzen, waschen und vierteln.
In einer Pfanne das Schmalz sehr heiß werden lassen. Das Fleisch hineingeben und mit dem Pfannenmesser wenden, damit die Fleischstücke nicht verkrusten, sondern allseitig bräunen. Die Zwiebelringe mit dem Fleisch bräunen. Mit dem Dessertwein, der Sahne und dem „Liquamen" ablöschen. Weiter wenden, aber die Hitze drosseln. Alle anderen Zutaten, bis auf die Petersilie, dazugeben, umrühren und verbinden lassen. Die Petersilie zum Schluss darüber streuen. Die Weinempfehlung: Elbling trocken.

SÜSS-SAURE WILDENTENBRUST

Für 3-4 Personen

Die Entenbrüste häuten und das Fleisch in dünne Scheiben schneiden.
Die Fischsauce mit dem Essig und der Stärke glatt rühren, mit Senf würzen und das Fleisch darin über Nacht marinieren.
Die Frühlingszwiebeln putzen und schräg in Ringe schneiden. Die Pfirsiche in mundgerechte Stücke schneiden. Das Gänseschmalz in einer Pfanne heiß werden lassen. Das Fleisch anbraten und 3 Minuten garen. Frühlingszwiebeln, Kapern und Pfirsiche zum Fleisch geben und 5 Minuten mitgaren. Eventuell mit Fischsauce und Senf nachwürzen. Die Weinempfehlung: Riesling halbtrocken.

RUWER

RUWERTAL-WASSERLEITUNG. In Waldrach wurden mehrere Originalteile jener Wasserleitung entdeckt, die vor rund 1800 Jahren zur Versorgung Triers erbaut wurde. Sie wird mit der Erbauung der Thermenanlagen in Verbindung gebracht. Dazu wurde die Ruwer oberhalb der Einmündung der Riveris abgefasst. Die Einlaufstelle liegt 161,2 m ü. NN., im Laufe der 12,8 Kilometer langen Strecke bis zum Amphitheater in Trier fällt die Höhe auf 153,42 m ü. NN., um insgesamt 7,74 Meter, was 0,016% Gefälle entspricht. Bei guten Wasserständen liefen täglich etwa 25450 Kubikmeter Wasser in ihr in die Stadt.

Hirsch-Geschnetzeltes
750 g Hirschfleisch vom Rücken, 2 Zwiebeln, 12 Champignons, 50 g Schweineschmalz, 4 El Dessertwein, 4 El frische Sahne, 1/2 Tl Salz, weißer Pfeffer aus der Mühle, 4 El feingeschnittene sauer marinierte Rote Bete, 4 El feine Gurkenstreifen, 1 El Honig, 2 El fein gehackte Petersilie

Wildentenbrust ↑
3 Entenbrüste à 200 g, 4 El Fischsauce, 3 El Weinessig, 3 Tl Speisestärke, 2 Tl scharfer Senf, 2 Bund Frühlingszwiebeln, 150 g Kapern, 600 g Weinbergspfirsiche, 50 g Gänseschmalz

1 Poularde, 1500-1800 g, 1 Bund Suppengemüse (Karotte, Sellerie, Lauch), 1 Zwiebel, Honig, Salz, Pfefferkörner, 1 Bund Liebstöckel, 1 Bund Minze, 1 Bund Koriander, 50 g Pinienkerne, 200 ml Traubenkernöl

KRÄUTER-HONIG-POULARDE, GEBEIZT UND GEBRATEN

Für 6 Personen

Die Poularde in einem Topf mit siedendem Wasser aufsetzen. Suppengemüse, Salz und zerstoßene Pfefferkörner hinzufügen.

Die Zwiebel mit Schale halbieren und die Schnittstellen in einer Pfanne ohne Öl rösten. Sind die Schnittstellen schwarz, die Zwiebel zu der Poularde in den Topf geben. Die Kräuter zupfen und mit den Pfefferkörnern, dem Salz und den gehackten Pinienkernen in einem Mörser zerstoßen. Traubenkernöl, Honig und etwas Sud von der Poularde unterarbeiten, bis eine zähe Masse entsteht.

Ist die Poularde gar, aus dem Sud herausnehmen, gut abtrocknen. Das Fleisch mit vielen Einschnitten versehen, in die die Masse eingefüllt wird. Damit die Masse gut ins Fleisch ziehen kann, sollte das Ganze mindestens 12 Stunden kühl gestellt werden. In den auf 180-200 Grad vorgeheizten Backofen geben und unter ständigem Übergießen mit dem eigenen Bratensaft goldbraun braten.

Zum Servieren zerstoßenen Pfeffer und Bratensaft reichen. Als Beilage empfiehlt sich Brot oder ein Brei aus Dinkel. Die Weinempfehlung: Elbling trocken.

RALF KIRSTEN *ist Küchenmeister und arbeitet als Mietkoch für Privatpersonen und Firmen. Viel Zulauf haben seine Kochkurse für Anfänger und Fortgeschrittene. Sogar Kinder weiht Ralf Kirsten in die Geheimnisse des Kochtopfes ein. Seine Ehefrau beschäftigt sich mit alten Kulturen und inspirierte ihn, sich näher mit der römischen Küche zu befassen. Seitdem kocht er auf Wunsch auch römisch und bietet römische Kochkurse an.*

KÜCHE UND KUNST, WALDRACH

TRIER

DER TRIERER DOM
In Trier soll es ab 270 n. Chr. eine christliche Gemeinde gegeben haben. Das Toleranzedikt des Jahres 311 und Kaiser Konstantins späteres Wirken gewährten den zuvor verfolgten Christen Religionsfreiheit. Seine Mutter Helena soll einen Teil ihres Hauses der Kirche vermacht und dem heiligen Petrus geweiht haben. Bischof Agritius habe das „Haus der Helena" dann zur Kirche umgebaut, die unter Bischof Maximin zu einer der größten Kirchenanlagen des 4. Jh. wurde. Wein und Rebe werden im Alten und Neuen Testament voller Symbolkraft wieder und wieder erwähnt. In der Nähe des Domes wurden viele Austernschalen aus römischer Zeit gefunden. 1986 wurde der Dom in die Liste des Unesco-Weltkulturerbes aufgenommen.

Wincheringer Winzerteller

Mit Trauben gefüllter Schweinerücken, Spätburgundersauce und gefüllter Pastinake

Für 1 Person

Trauben in Butter und Zucker anschwitzen. Schweinerücken in Schmetterlingsform schneiden. Mit den Trauben füllen und in das Schweinenetz einschlagen. Kurz anbraten und im Backofen bei 180 Grad ca. 15 Minuten weitergaren.

Für die Sauce die Zwiebeln mit Butter anschwitzen. Mit Spätburgunder ablöschen, reduzieren, Kalbsjus und Sahne dazugeben.

Die Pastinake in einen Bratenschlauch geben und ca. 30 Minuten im Backofen garen. Halbieren und vorsichtig aushöhlen. Pastinakenmasse pürieren und mit Sahne und Butter verrühren. Mit Muskat, Salz und Pfeffer würzen und zurück in die Pastinake füllen. Die Weinempfehlung: Spätburgunder trocken.

VOM HOTEL MOSELBLICK *hat man einen weiten Blick auf die Mosel und das gegenüberliegende luxemburgische Ufer. Küchenchef David Baillet, gebürtiger Franzose, zaubert deutsche, luxemburgische, französische und römische Spezialitäten wie „Schweinefilet auf römische Art". Im Restaurant gibt es auch einen Bistro-Bereich mit leichten, schnellen Gerichten. Geschäftsführer Alfred Willenbücher hat eine kleine Mosel-Vinothek mit rund 25 Weinen eingerichtet.*

HOTEL MOSELBLICK, WINCHERINGEN

200 g Schweinerücken, pariert, 30 g Trauben, 80 g Schweinenetz, 150 ml Kalbsjus, 2 El Sahne, 250 g Pastinake, 1 Suppenlöffel gehackte Zwiebeln, 100 ml Spätburgunder, Zucker, Butter, Muskat, Salz, Pfeffer

NENNIG

RÖMISCHES MOSAIK

Das 160 Quadratmeter große römische Mosaik in Nennig ist eines der größten und besterhaltenen nördlich der Alpen. Rund drei Millionen Steinchen zeigen sieben Szenen: Zirkus, Tierkämpfe, Gladiatoren ... Zu römischer Zeit zierte das Mosaik die im 2. Jh. erbaute Eingangshalle einer „Villa suburbana“, einer 140 mal 45 Meter großen Prachtresidenz. Daran schlossen sich zwei 250 Meter lange Wandelgänge an, über die man trockenen Fußes ein luxuriöses Badehaus erreichte. Im Herbst 1852 wurde das Mosaik wiederentdeckt, als ein Landwirt eine Rübenmiete aushob.

LACH

Lachs-Forellen-Terrine ↑
200 g geräucherte Forelle,
100 g geräucherter Lachs,
100 g Schmand, 400 g Sahn
Gelatine entsprechend der
Menge von 700 g Flüssigke
Pfeffer, Salz, Dill, 4-5 El
Sonnenblumenkerne

Schweinerollbraten mit Apfel-Walnuss-Füllung

Für 4-6 Personen

Für die Füllung Äpfel schälen, in kleine Würfel schneiden. Im Honig Zwiebel und Äpfel andünsten. Nüsse und Thymian hinzugeben. Den aufgeschnittenen Braten salzen, pfeffern und von allen Seiten anbraten. Herausnehmen und mit Senf einreiben. Dann mit der Apfel-Nuss-Masse füllen und zubinden. 75 Minuten im Backofen bei 180 Grad braten und dabei ab und an mit dem Bratensaft übergießen. Vor dem Anschneiden 15 Minuten abgedeckt ruhen lassen. Auch als Apfel-Kastanien-Füllung möglich. Die Weinempfehlung: Riesling halbtrocken.

Forellen-Terrine

Für 4 Personen

Die geräucherte Forelle mit ca. 100 g flüssiger Sahne pürieren. 300 g geschlagene Sahne unterheben (je nach Geschmack kann man den Sahneanteil auch zu Gunsten von mehr Forelle reduzieren). Entsprechend der Menge von 600 g „Flüssigkeit" Gelatine nach Packungsanleitung einrühren. Die Hälfte der Fischfarce in eine mit Backpapier ausgelegte Kastenform füllen. Mit Lachsscheiben belegen. Schmand mit Peffer, Salz und viel Dill gut würzen. Sonnenblumenkerne hinzugeben und für 100 g „Flüssigkeit" Gelatine nach Packungsanweisung unterrühren. Auf den Lachs streichen und mit Lachsscheiben belegen. Restliche Fischfarce einfüllen. Mindestens 5 Stunden im Kühlschrank durchkühlen lassen. Die Weinempfehlung: Riesling trocken.

chweinerollbraten
5 kg Schweinekamm oder arierter Schweinerücken vom Metzger für Rollbraten ufschneiden lassen), 3 säuerche Äpfel, 1 klein geschnittene wiebel, 100 g Walnüsse (oder astanien, gekocht und ohne chale), 3 El Butter, 3 El Honig, Tl frischer Thymian,

GRILLSCHINKEN

Ein vom Metzger hergerichtetes Stück Grillschinken, Lauch, Möhren, Zwiebeln, Knoblauch, Thymian und Rosmarin (Menge richtet sich nach der Größe des Schinkens), Olivenöl, Gemüsebrühe, Sahne

Schinken auf der Schwarte kreuzweise einschneiden. Etwas pfeffern und mit halbierten, geschälten Möhren, halbiertem Lauch, grob geschnittenen Zwiebeln und einigen Stücken Knoblauch belegen. Alufolie andrücken und den Schinken mit dem Gemüse nach unten auf die Arbeitsplatte legen. Den Schinken von allen Seiten mit Gemüse umwickeln und dabei mit der Alufolie großzügig sein. Den Schinken im Ofen bei etwa 200 Grad garen. Dabei ist die Größe des Fleisches für die Garzeit ausschlaggebend.

Für die Sauce eine Zwiebel und Knoblauch in Olivenöl andünsten. Mit Gemüsebrühe und saurer Sahne aufgießen. Kräftig mit Pfeffer aus der Mühle, Salz, Thymian und Rosmarin würzen. Evtl. mit dem aufgefangenen Schinkensaft aufgießen. Die Weinempfehlung: Riesling trocken.

GALLORÖMISCHE TEMPELANLAGE
Das 40 Hektar große Bergplateau zwischen Pommern und Treis-Karden an der Mosel zeigt den Verschmelzungsprozess keltischer und römischer Kultur. Über die Ausdehnung der keltischen Stätte ist wenig bekannt. Die damals hier siedelnden Römer huldigten mit einer Tempelanlage aus dem 2. Jh. n. Chr. dem Gott Mars, der dem Berg auch seinen Namen gab: „mons martis“: Martberg. Mittlerweile ist ein Teil der Tempelanlage wieder aufgebaut.

Das Weingut **HEINRICH BUSCH** liegt am Ufer der Mosel. Angebaut werden Rivaner, Riesling, Weißburgunder, Dornfelder und Spätburgunder, die überwiegend in traditionellen Fuderfässern ausgebaut werden. Birgit Goeres, die Schwester des Winzers, betreut die heimeligen Gästezimmer. Außerdem liebt sie es, römische Gerichte zuzubereiten.

WEINGUT BUSCH, PÜNDERICH

AUF DEM MARTBERG

200 g Zwiebeln, 3 El Traubenkernöl, 8 Schweinemedaillons, Salz, Pfeffer, zwei Hände voll frische Kräuter, 250 g Ziegenfrischkäse, 150 ml Vollmilch, 2 Eier

Schweinefilet in feiner Kräutergesellschaft

Für 4 Personen

Die Zwiebeln in Spalten schneiden. Das Fleisch in heißem Öl von jeder Seite etwa 2 Minuten anbraten, würzen und aus der Pfanne nehmen. Zwiebelspalten im Bratenfett anbraten.

Frischkäse, Milch, Eier glatt rühren, Kräuter hinzufügen, mit Salz und Pfeffer abschmecken.

Medaillons und Zwiebeln in eine Auflaufform schichten, mit Frischkäsecreme begießen und im vorgeheizten Backofen bei 200 Grad 30 Minuten backen. Die Weinempfehlung: Riesling halbtrocken.

Birgit Schömann *verdankt ihre Passion für römisch geprägte Küche dem Kräutergarten im Ürziger Würzgarten. Letzterer ist die bekannteste Weinlage des Ortes. Dort besitzen Karl-Heinz und Birgit Schömann Weinberge, in denen, ebenso wie in ihren Erdener Lagen, ausschließlich Riesling wächst. Das Haus mit den Gästezimmern und Ferienwohnungen liegt am Ortseingang von Ürzig am Moselufer.*

Weingut Walter Gerlach, Ürzig

Ürzig

Der **Ürziger Würzgarten** ist nicht römischen Ursprungs, aber einige der hier angepflanzten Kräuter kamen mit den Römern hierher. „Typische einheimische, xerotherme Kräuter sowie mediterrane Pflanzen, die ihr nördlichstes Verbreitungsgebiet an den Moselhängen haben, sind in den Garten integriert", beschreiben Fachleute diese Besonderheit und stellen Assoziationen zur benachbarten weltbekannten Weinlage Ürziger Würzgarten her. Der Gewürzgarten enthält kulturhistorische Kleinstrukturen wie Fußpfade, Treppen, Mauern und Kleinterrassen. Die Römer brachten erstmals Weinraute, Basilikum, Liebstöckel, Kümmelthymian und Lavendelsalbei an die Mosel.

Rund sieben Kilometer von Nittel entfernt steht der teilweise rekonstruierte **TEMPELBEZIRK VON TAWERN**, der in der 1. Hälfte des 1. Jh. n. Chr. errichtet wurde. Hauptgott war Merkur, zuständig für Gewerbe, Handel und Verkehr. Der Tempel liegt an der Straße Trier-Rom, an jener Stelle, an der der damalige Reisende erstmals die Stadt Trier sehen und für eine gute Reise danken oder – gen Rom ziehend – eine ebensolche erbitten konnte. Geopfert wurden Wein, Weihrauch, Feldfrüchte oder Tiere. Im Jahre 392 n. Chr. verbot Kaiser Theodosius heidnische Kulte, was zum Verfall des Tempels führte.

Braten

1,2 kg Spanferkelrücken, 8 Knoblauchzehen, 1 Tl Kümmelkörner, Salz, 30 ml Olivenöl, 1 Thymianzweig, 1 Rosmarinzweig, 100 ml trockener Elbling, 200 ml Rinderbrühe

Linsen

30 ml Olivenöl, 3 El Honig, 4 Pastinaken, 80 g Schalotten, gewürfelt, 300 g grüne Linsen, 3 Thymianzweige, 750 ml Brühe, 30 ml Balsamico-Essig, 80 g durchwachsener Speck, 1 Bund glatte Petersilie, 2 El grobkörniger Senf, 1-2 El Semmelbrösel, 20 ml Olivenöl

Der Steirer **WALTER CURMAN** *wurde 1996 jüngster Küchenmeister Österreichs und war mehrere Jahre lang Schulungsleiter in Johann Lafers Kochschule. Dort lernte er die damalige Deutsche Weinkönigin Carina Dostert kennen, die seine Frau wurde und mit ihm einen Sohn bekam. Walter Curman leitet die Küche des „Culinarium“, das aus der früheren Straußwirtschaft des 12 Hektar großen Weingutes entstanden ist. Auf der Speisekarte steht ein römisches Gericht. Das Gut wird von Ehefrau Carina, ausgebildete Weinbau-Ingenieurin, sowie deren Eltern geführt. Das „Culinarium" selbst wurde im Herbst 2006 vom Fernsehsender SWR in die Riege der 20 besten Landgasthöfe in Rheinland-Pfalz aufgenommen.*

Spanferkelrücken mit süss-sauren Linsen

Für ca. 4 Personen

Kümmel und Salz im Mörser zerstoßen. Den Knoblauch schälen. Vier Zehen halbieren, zugeben und auch zerstoßen. Die Schwarte auf dem Spanferkelrücken mit einem scharfen Messer in Rauten schneiden und großzügig mit der Würzpaste einreiben.

Das Ölivenöl im Bräter erhitzen. Rücken mit der gewürzten Seite zuerst darin anbraten. Dabei Thymian, Rosmarin und den restlichen Knoblauch mitbraten. Das Fleisch umdrehen, weiter anbraten. Mit dem Weißwein ablöschen und die Rinderbrühe zugießen.

Das Olivenöl mit dem Honig in einem breiten Topf aufschäumen lassen. Die Schalottenwürfel darin glasig dünsten. Die Pastinaken schälen, würfeln und zu den Schalotten geben. Die Linsen kurz waschen, abgetropft zugeben und kurz mitdünsten. Die Thymianzweige zugeben.

Die Brühe nach und nach zugießen und dabei immer wieder fast einkochen lassen (wie bei Risotto). Die Linsen mit Essig würzen. Während die Linsen garen, den Speck würfeln, in einer Pfanne knusprig ausbraten. Die Petersilie grob schneiden und unterrühren.

Die Bratenkruste nach der Bratzeit mit Senf bestreichen, mit Semmelbröseln bestreuen, mit Olivenöl beträufeln und 5 Minuten unter dem vorgeheizten Grill gratinieren.

Den Braten in Scheiben schneiden, auf den Linsen anrichten und mit den Speckwürfeln bestreuen. Die Weinempfehlung: Elbling trocken.

Römisches Quarkdessert

Für 4 Personen

Bauernquark auf einer Platte oder in Schälchen anrichten. Mit einem Löffel kleine Vertiefungen in den Quark drücken. Die Walnüsse sorgfältig in diese Kuhlen geben und den Honig über dem Quark verteilen. Mit etwas frisch gemahlenem Pfeffer servieren. Lecker auch mit einfachem flüssigem Honig und in der Pfanne kurz gerösteten Walnusshälften. Die Weinempfehlung: Riesling edelsüß.

Rote-Bete-Topf mit frischem Käse

Rote Bete in reichlich Wasser kochen, bis man die Schale mit den Händen einfach abreiben kann (je nach Größe und Alter 30-60 Minuten). 500 ml Wasser mit Gewürzen und Salz aufkochen. Essig, Wein und Honig beigeben und nochmals aufkochen. Rote Bete schälen (siehe oben) und in mundgerechte Würfel schneiden. Zwiebeln schälen und in feine Ringe schneiden. Die Gemüse abwechselnd in einen glasierten Tontopf schichten und mit dem Sud bedecken.
Zugedeckt 2-3 Tage kühl stellen. Dieser farbenfrohe Rote-Bete-Topf kann gut 14 Tage kühl aufbewahrt werden und ist so als schnelle Beilage vorrätig.

Für die Zubereitung des Frischkäses die Zwiebel in feine Würfel schneiden und den Apfel mit Schale grob raffeln. Beides direkt mit dem Käse vermengen und mit Salz abschmecken. Zum Anrichten pro Person 200 g Rote Bete abtropfen lassen und nach Belieben mit etwas Olivenöl vermengen. Dazu den Frischkäse mit etwas Pfeffer überstreut servieren. Die Weinempfehlung: Spätburgunder.

Das Römergrab bei Siesbach liegt etwa zwei Kilometer nordwestlich der Ortsmitte. Es hat einen Durchmesser von rund 35 Metern und wurde zwischen 174 und 176 n. Chr. angelegt. Gefunden wurden darin unter anderem Tassen, Teller, Gläser, Töpfe und eine verkohlte Dattel, die belegt, dass auch die Bewohner stadtferner Gebiete am Fernhandel mit Regionen des Mittelmeeres teilnahmen und von dort Ernährungsgewohnheiten importierten. Das Grab ist von einer Ringmauer umgeben und in der Mitte befindet sich ein Steinfundament, das eine Adlerskulptur aus Sandstein trägt. Der Adler steht für die Erwartung, dass die Seelen der Verstorbenen vom Adler des Jupiter in ein besseres Jenseits getragen werden.

SIESBACH

Quarkdessert
500 g Bauernquark, 200 g Honignuss (in Honig eingelegte Walnusshälften), Pfeffer

Rote Bete
2,5 kg Rote Bete (für 12 Portionen), 2-3 große Zwiebeln, 5 Lorbeerblätter, 5 Pfefferkörner, 5 Nelken, 1/2 Tl Senfkörner, 1 Tl Salz, 500 ml Apfelessig, 500 ml Rotwein, 50 g Honig

Frischkäse
500 g Frischkäse, natur (für 4 Personen), 1 große Zwiebel, 1-2 säuerliche Äpfel mit roter Schale, 1/2 Tl Salz, frisch gemahlener Pfeffer

Hauswirtschaftsmeisterin **MEIKE JASCHOK** *lebt mit ihrer Familie auf einem biologisch-dynamischen Bauernhof im Hunsrück. Die Hofkäserei erzeugt Quark und Käse, die an Gastronomen in der Region und im Hofladen verkauft werden. Oft entwickelt Meike Jaschok zusammen mit diesen Gastronomen und Händlern individuelle Käsesorten sowie spezielle Käserezepte, beispielsweise mit römischer Würzung. Besonders spannend findet sie es, die landwirtschaftlichen Erzeugnisse in ihrem historischen Zusammenhang zu sehen.*

BORNWIESENHOF, WILZENBERG-HUSSWEILER

Ova Elixa
4 hart gekochte Eier, Olivenöl, Weinessig, schwarzer Pfeffer und Koriander aus der Mühle, Honig, Garum

Aliter Porros
750 g Lauch, Salz, Pfeffer, Koriander, Olivenöl, thailändische Fischsauce, trockener Weißwein

Fabaciae virides
1 kg frische grüne Bohnen, 1/2 Stange Lauch, Olivenöl, frischer Koriander und Bohnenkraut, Kümmelsamen, Pfeffer aus der Mühle, thailändische Fischsauce

OVA ELIXA

Gefüllte hart gekochte Eier

Für 4 Personen

Die hart gekochten Eier halbieren, die Dotter entnehmen, mit den übrigen Zutaten zu einer cremigen Masse verarbeiten und zurück in die Eihälften einfüllen. Die Weinempfehlung: Riesling edelsüß.

ALITER PORROS

Lauch auf eine andere Art

Für 4 Personen

Den gewaschenen Lauch in kleine Stücke schneiden und in Salzwasser mit einem Schuss Olivenöl knackig kochen. Aus Weißwein, Olivenöl, Pfeffer, Koriander und Fischsauce eine Marinade bereiten und über den Lauch träufeln. Die Weinempfehlung: Weißburgunder trocken.

FABACIAE VIRIDES

Grüne Bohnen

Für 4 Personen

Die grünen Bohnen in Wasser ca. 15 Minuten gar kochen, abgießen. Aus Fischsauce, Öl, Pfeffer, gehacktem Koriander und Bohnenkraut, geriebenem Kümmel und fein geschnittenem Lauch eine warme Sauce zubereiten, mit den Bohnen mischen und kurz ziehen lassen. Die Weinempfehlung: Riesling halbtrocken.

*Die **MILITES BEDENSES** - LEG XXII PRIMIGENIA wurde 1995 von historisch und archäologisch Interessierten gegründet. Ziel ist es, das Leben in den römischen Provinzen im 1. Jh. n. Chr. darzustellen. Edgar Comes, erster Vorsitzender, erklärt die Aktivitäten des Vereins: „Basierend auf den jeweils aktuellsten Erkenntnissen rekonstruieren wir Kleidung, Ausstattung, Werkzeuge und Waffen. Mithilfe von Historikern und den Ergebnissen der experimentellen Archäologie möchten wir die römische Vergangenheit 'aus der Vitrine' holen und authentisch historische Plätze beleben."*

MILITES BEDENSES, PICKLIESSEM

OTRANG

DIE „VILLA RUSTICA" liegt fünf Kilometer nördlich von Bitburg an der Römerstraße Bitburg-Köln. Sie wurde in mehreren Phasen zwischen dem 2. und dem 4. Jh. n. Chr. errichtet. Vier römische Mosaikfußböden zeugen von der Pracht des einstmals 66 Räume umfassenden Landgutes. Texte aus römischer Zeit ergänzen die gezeigten Objekte. Die Gaststätte bei der rekonstruierten „Villa rustica" bietet römische Gerichte an und lädt zum Feiern römischer Feste ein.

PALASTAULA TRIER

Im Jahr 1986 wurden die Römerbauten, der Dom und die Liebfrauenkirche in Trier in die Liste der Unesco-Weltkulturerbestätten aufgenommen. Fachleute loben die Dichte und die bauliche Qualität der erhaltenen Denk-mäler. Die Palastaula, Basilika genannt, wurde zwischen 305 und 311 n. Chr. errichtet. Mit 36 Metern ist die einstige Empfangshalle des Kaisers das höchste Bauwerk des römischen Trier. Die stützfreie Halle ist der größte heute noch existierende umbaute Raum der Antike.

COPADIAE

Kalbsschnitzel
600 g Kalbsschnitzelchen aus der Oberschale, 80 g Olivenöl, 4 g Salz, 2 g Pfeffer, 40 g Mehl, 200 g Milch, 320 g Piniensauce, 180 g flüssige Sahn

IM „DOMSTEIN" *wurde die römische Küche für die Region wiederentdeckt. „Im Jahr 1970, als der Weinkeller des Restaurants am Trierer Hauptmarkt vergrößert wurde, stieß der Bauherr auf römische Pfeiler und Fundamente der Constantinischen Palastanlage", erzählt Elke Gracher. „Seine Frau, meine Schwiegermutter, begann als Küchenmeisterin nach römischen Rezepten zu forschen. Auf einer Auktion ersteigerte sie die älteste gedruckte Ausgabe des Apicius-Kochbuches, ein Wiegendruck von Venedig aus dem Jahre 1498. Das Werk von Apicius 'de re coquinaria' ist heute die Grundlage für die römische Küche im 'Domstein'".*

US IN ALBUM COPADIIS

Kalbsschnitzelchen in weißer Piniensauce nach Marcus Gavius Apicius

Für 4 Personen

Pinienkerne, Zwiebeln, Lorbeerblatt, Weißwein und Liquamen etwa 6 Stunden einweichen, dann kuttern. Olivenöl erhitzen, zerkleinerte Sardellenfilets anbraten, Pinienkernmasse hinzugeben, dann Pfeffer, Raute, Honig dazugeben. Alles gut durchkochen lassen. Als Letztes die Milch hinzufügen. Mit dem geriebenen Brötchen die Sauce andicken, mit Liquamen nach Bedarf abschmecken.

Dann die Kalbsschnitzelchen mit Salz und Pfeffer würzen, in heißem Olivenöl braten und warm stellen. Die Pinienmasse in die heiße Pfanne geben. Mit Sahne verfeinern. Schnitzelchen anrichten, mit der Sauce überziehen und mit Pinienkernen garnieren. Die Weinempfehlung: Elbling trocken.

Piniensauce
30 g Pinienkerne, 20 g Zwiebeln, zerkleinert, 1 Lorbeerblatt, 50 g Weißwein, 1 g Pfeffer, 2 Sardellenfilets, zerkleinert, g Weinraute, 8 g Olivenöl, 3 g Fischsauce, 16 g Honig, 20 g getrocknetes, geriebenes Brötchen, 120 g Milch

Agnus tarpeianus

Lamm nach Art des Tarpeius

Für 4-6 Personen

Lammkeule mit Meersalz einreiben und 2 Stunden einziehen lassen. Sämtliche Zutaten für die Marinade zusammen aufkochen und die Keule hineingeben. 30 Minuten zugedeckt leicht köcheln lassen. Die ganzen, geschälten Zwiebeln hinzugeben und weitere 15 Minuten kochen. Die Lammkeule aus dem Topf nehmen, auf ein Backblech legen und bei 180 Grad im Backofen ca. 10-15 Minuten weiterbraten.

In der Zwischenzeit die Datteln entkernen und klein schneiden. Die Zwiebeln aus dem Topf nehmen, etwas abkühlen lassen und ebenfalls in 2-3 cm große Würfel schneiden. Bohnenkraut und Raute zerstampfen. 1 Liter Kochfond mit „Caroenum", den gestampften Gewürzen, den geschnittenen Datteln und Zwiebeln vermischen, nochmals mit Liquamen nachwürzen. Lammkeule aus dem Ofen nehmen, in Scheiben schneiden und auf einer Platte anrichten. Mit der Zwiebel-Dattelmischung übergießen, etwas Honig darübergeben und das Ganze im heißen Ofen nochmals 10 Minuten nachziehen lassen. Vor dem Servieren mit geschrotetem Pfeffer und Lavendelblüten bestreuen. Die Weinempfehlung: Weißburgunder trocken.

Gefüllte Feigen

Für 4 Personen

Frische Feigen unterhalb des Stielansatzes aufschneiden. Deckel abheben, Fruchtfleisch mit dem Löffel herausnehmen. Mit geschrotetem weißem Pfeffer, Olivenöl und Honig würzen. 15 g Schafskäse in kleine Würfel schneiden, mit dem Feigenmark vermischen und in die Feigen füllen. Deckel wieder drauflegen.
Das Ganze mit je 2 Scheiben Bauchspeck umwickeln, mit Olivenöl einpinseln und im vorgeheizten Backofen bei 170 Grad ca. 12 Minuten backen.
Honig mit Passum mischen, nach 10 Minuten über die Feigen gießen und mit Koriandersamen bestreuen. Das Ganze noch 2 Minuten weiterbacken.
Auf einem Teller mit dem Bratensud anrichten und mit frischem Korianderkraut garnieren. Die Weinempfehlung: Riesling edelsüß.

Lamm
1,5–1,8 kg Lammkeule mit Knochen, 35 g Meersalz

Marinade
6 g geschroteter schwarzer Pfeffer, 1 g Raute, 1 g Bohnenkraut, 1 g Thymian, 120 ml Fischsauce, 80 g Olivenöl, 700 ml Weißwein, 2 l Lamm- oder Gemüsebrühe, 500 g Zwiebeln

Sauce
150 g Datteln, 1 g Bohnenkraut, 2 g Raute, 100 ml stark eingedickter Most, Fischsauce, Honig

← *Gefüllte Feigen*
4 große, reife Feigen, ca. 80 g/Stück, 60 g Schafskäse, 8 Scheiben Bauchspeck, 2 g geschroteter weißer Pfeffer, 8 g Koriandersamen, 1 Zweig frisches Korianderkraut, 40 g Olivenöl, 40 g Honig, 40 g unvergorener Traubensaft

Karamellisiert in Honigsauce

600 g Äpfel, 80 g Butter, 1 Zimtstange, 100 ml Ruländer Spätlese, 400 ml Milch, 500 g Dinkel-Mehl, 1 Hefewürfel, 1 Ei, 1 Tl Salz, 250 g flüssiger Honig, 125 g Crème double, 100 g Himbeeren

DAS HAUS DER FISCHEREI *liegt in Oberbillig am Moselufer. Im Sommer lockt ein Bier- und Weingarten im Schatten von Kastanienbäumen. Von hier aus blicken die Gäste auf das gegenüberliegende luxemburgische Moselufer, wo in Wasserbillig die Sauer in die Mosel fließt. Veranstaltungen mit Künstlern beleben das idyllische Haus, in dem sich ein Museum befindet, das die Binnenfischerei vergangener und heutiger Zeit beschreibt.*

HAUS DER FISCHEREI, OBERBILLI

Äpfel mit Dinkel-Kniddelen

Für 4-6 Personen

Den Hefewürfel in die lauwarme Milch bröckeln und verrühren.

Mehl in eine Schüssel geben und das Ei, das Salz und die Hefemilch unterrühren. Gut verkneten, bis der Teig Blasen wirft. Gegebenenfalls noch etwas Milch oder Mehl hinzufügen.

Einen großen Topf mit Wasser füllen, zum Sieden bringen und salzen. Anschließend mit zwei Löffeln kleine Batzen des Teigs ins Wasser gleiten und ca. 10 Minuten garen lassen. Wenn die Kniddelen gar sind, steigen sie an die Wasseroberfläche.

In der Zwischenzeit für die Sauce Honig und Crème double vermischen. Auf Desserttellern die Sauce kreisförmig verteilen. Am Rand entlang Himbeermark aufspritzen und mit einem Holzspieß ein Muster durch Honigsauce und Himbeermark zeichnen.

Den Honig in eine Pfanne geben und bei mittlerer Flamme karamellisieren lassen. Die Äpfel waschen und in Scheiben schneiden, ohne sie zu schälen. Die Butter (in Flocken), 2 Esslöffel kaltes Wasser und die Zimtstange in die Pfanne geben. Die Sauce verrühren, die Äpfel hinzugeben und 10 Minuten bei mittlerer Flamme stetig wenden. Die Dinkel-Kniddelen auf die Teller legen und die Äpfel darauf verteilen. Die Zimtstange entfernen. Die Pfanne mit Ruländer-Spätlese ablöschen und die Äpfel damit überziehen. Sofort servieren. Die Weinempfehlung: Weißburgunder edelsüß.

IGEL

Auf halber Höhe eines Weinberges bei Igel thront das **GRUTENHÄUSCHEN.** Der Begriff „Grut" wird verschiedenen Ursprüngen zugeschrieben: dem Wort „Grotte", oder aber „Cruten", wichtelähnlichen Wesen, die das Haus bewohnt haben sollen. Zudem gibt es eine Sage um das „Grutenfrauchen", eine trinkfreudige Schankwirtin. Der rekonstruierte Grabtempel aus römischer Zeit strahlt mediterrane Heiterkeit aus. Das vermutlich ursprünglich ausgemalte Gewölbe spannte sich über dort aufgestellte Sarkophage. Diese Bestattungsart kam Ende des 3. Jh. „in Mode" und herrschte im 4. Jh. vor – bei Christen und bei Heiden.

MARINIERTE

1 kg geschälter Spargel oder Spargelspitzen, Salz, 1 Prise Zucker, 1 Spritzer Zitronensaft, je eine Hand voll frischer Liebstöckel, Koriander und Bohnenkraut, frisch gemahlener Pfeffer, 3 Frühlingszwiebeln, Olivenöl, thailändische Fischsauce, Weißwein

Spargel à la Apicius

Für 4 Personen

Den Spargel in Wasser mit Salz, Zucker und Zitronensaft bissfest kochen. Während der Spargel kocht, die Marinade anrühren. Von den frischen Kräutern jeweils eine Hand voll nehmen und klein schneiden. Dazu frisch gemahlener Pfeffer, die klein geschnittenen Frühlingszwiebeln, Olivenöl, ein ordentlicher Schuss thailändische Fischsauce und ein Schuss Weißwein. Wenn der Spargel gar ist, ihn aus dem Kochwasser heben und auf einer Platte anrichten. Dann mit der Marinade übergießen und ihn eine Viertelstunde ziehen lassen. Dazu türkisches Fladenbrot und ein guter Moselwein. Die Weinempfehlung: Riesling halbtrocken.

***Dr. Annette Böhm** ist Archäologin mit Spezialgebiet römische Orgien. Folgende Requisiten kann man bei ihr ausleihen oder kaufen: Tunica, Stola und Palla für die Dame, Tunica und Senatorentoga mit Purpurstreifen für den Herrn, Tunica und Toga für das Kind … Außerdem gibt es Nachbildungen römischer Tischwäsche und römischen Geschirrs. Ihre Lehrgänge heißen „Schlemmen wie die alten Römer", „Römisches Mosaik selbst gestalten" und „Mit den Römern in der Schule". Auf der Homepage von Annette Böhm (www.roemerlein-express.de) findet man römische Rezepte und in ihrem Onlineshop gibt es vielversprechende „Orgienpakete".*

RÖMERLEIN EXPRESS, LEIWEN

PÖLICH

Annette Böhm weist auf die unwiderstehliche Anziehungskraft der **RÖMISCHEN WASSERLEITUNG** von Pölich hin. Auf rund 50 m Länge ist der im Schiefergestein gegrabene Kanal erhalten, 50 cm breit und gerade so hoch, dass ein Erwachsener sich gebückt darin fortbewegen kann. Wenn man sich durch die engen Felsengänge zwängt, leuchtet ein, welch enorme technische Meisterleistung es bedeutete, diesen Gang unter schwersten Bedingungen, ohne Licht und ohne Maschinen, aus dem Fels zu treiben. „Dieser Aufwand wurde allein betrieben, um die Bäder zweier römischer Villen mit Wasser zu versorgen. Welch ein Luxus!", sagt Dr. Annette Böhm.

RÖMISCHE VILLA VELDENZ. Seit der Mitte des 16. Jh. war die Grafschaft Veldenz evangelisch. Bei der Kirche steht das „Haus des Gastes". Bei dessen Umbau 1989 wurden Tonziegel entdeckt, Reste einer zuvor unbekannten römischen Villa, erbaut Mitte des 2. Jh. n. Chr. Zu Beginn des 4. Jh. n. Chr. wurde die Villa während der Germaneneinfälle zerstört und später umgebaut, wobei ein Mosaik zerstört wurde. Im Keller des Hauses konnten römische Reste erhalten und zugänglich gemacht werden, darunter die Hypokaustanlage des Heißbades (Caldarium).

Mit Römerbrot gefüllter Honig in Rotweinsauce auf zartem

Für 6 Personen

Trockenes Römerbrot in feine Würfel schneiden. In einer Schüssel mit der erwärmten Milch und Butter übergießen. Eine halbe Stunde einweichen lassen. Danach die Eier, die Zwiebelwürfel und die gehackten Kräuter untermischen. Den Pfeffer mit dem Koriander und dem Salz im Mörser zerkleinern und ebenfalls untermischen.

Den Spanferkelbauch mit der Hautseite nach unten auf der Arbeitsfläche ausbreiten und mit der Römerbrotmasse füllen und einrollen. Zur Unterstützung mit einer Schnur einbinden, ähnlich wie bei einem Rollbraten. Den Bauch mit Salz, Pfeffer und Kümmel bestreichen. In einen Brattopf geben und etwa 40 Minuten bei 185 Grad in den Ofen stellen. Kurz vor dem Garpunkt mit Waldhonig bestreichen. Nach dem Braten den Spanferkelbauch aus dem Bräter nehmen und aufschneiden. Aus dem Bratensatz durch Unterrühren von Rotwein und der Butter eine feine Sauce zubereiten.

Die Blätter des Wirsings vom Strunk befreien und in dünne Streifen schneiden. Danach in Salzwasser ca. 10 Minuten weich kochen. Zitronenmelisse und Koriander klein hacken. Überflüssiges Wasser abschütten. Danach dem Gemüse die restlichen Gewürze, das Distelöl und den Wein beifügen. Alles kurz durchschwenken. Zum Abschluss mit Salz, Pfeffer und dem Weinbergspfirsich abschmecken. Die Weinempfehlung: Spätburgunder trocken.

SEIT 1678 ist die Weinstube im Besitz der Familie Krebs. „Sie ist eine der beiden ältesten Weinstuben in Deutschland", unterstreicht Stefan Krebs aus der zehnten Familiengeneration. Forellen stehen seit 150 Jahren auf der Speisekarte und werden heute nach einem Rezept der vierten Krebs-Generation zubereitet. Animiert von der intensiv betriebenen hausinternen „Küchengeschichtsforschung" begann der Koch sich auch mit der Küche der Römer zu beschäftigen. Das Hotel wurde als „Gastgeber des Jahres 2007" ausgezeichnet.

MÄRCHENHOTEL ÄLTESTE WEINSTUBE, BERNKASTEL-KUES

SPANFERKELBAUCH, KOHLGEMÜSE

1 kg Spanferkelbauch, Salz, Pfeffer, 1 Tl Kümmel

Füllung

120 g altbackenes Fladenbrot, 15 g Butter, 20 ml Milch, 1 Ei, 40 g Zwiebelwürfel, 1 El gehackte Petersilie, 1 El gehackter Liebstöckel, Salz, Pfeffer, 1 Tl Koriander, 2 El Waldhonig

Sauce

20 ml Spätburgunder, 40 g Butter

Zartes Kohlgemüse

750 g Wirsing, 10 ml feinherber Riesling, 1 El Olivenöl, 1 El Zitronenmelisse, 1 El Weinbergspfirsich, 1 Tl Koriander, Salz, Pfeffer

Dekoration

Unbehandelte Stiefmütterchen, Estragon, Rote Melde

Steak

Pro Person 250 g frisches Schweinerückensteak, Salz, Pfeffer, Zwiebeln, Knoblauch, Senf, Honig, Weißwein, Olivenöl, Liebstöckel, Petersilie, Majoran, Basilikum, Bohnenkraut, Rosmarin, Salbei, Lorbeerblätter, Thymian, Bärlauch

Salat

Blattsalat, Weinessig, Olivenöl, Honig, Weißwein, Salz, Pfeffer, Bärlauch und Pinienkerne

Brot

500 g Mischung aus Weizenmehl, Walnüssen, Sonnenblumenkernen, Trockensauerteig, 350 ml Wasser, Olivenöl, Lorbeerblätter

Steak-Teller Konstantin

Die frischen Schweinesteaks werden mit den angegebenen Zutaten und Kräutern eingelegt und sollten dann im Kühlschrank 2-3 Tage ziehen.

Das Fleisch wird in einer Pfanne in Olivenöl von jeder Seite 5 Minuten angebraten. Zwischendurch, nach dem Wenden der Steaks, gibt man die Zwiebeln und Kräuter hinzu. Nach dem Anbraten löscht man das Bratgut mit dem Rest der Marinade und dem Weißwein ab und bindet die Kräutersauce mit Mehl. Nun lässt man das Fleisch in der Kräutersauce bis zum Servieren garen.

Blattsalat mit dem Dressing aus den Zutaten anrichten und mit Pinienkernen überstreuen. Das Brot wird unter Zugabe der Brotmischung mit einem Schuss Olivenöl angerührt und dann eine Stunde aufgehen gelassen. Der Backofen wird auf 200 Grad vorgeheizt. Dann wird die Teigmasse auf ein Backblech, das mit Olivenöl eingestrichen wurde und mit Lorbeerblättern ausgelegt wird, gegeben, um anschließend eine Stunde im Backofen zu backen. Zum Anrichten gibt man das Steak auf einen Teller, übergießt es mit der Kräutersauce, garniert es mit Basilikum und Rosmarinzweigen, reicht Brot und Salat dazu. Die Weinempfehlung: Riesling trocken.

Weinbautechniker **KLAUS FRICK**: *„Als ich 1984 mein Wohnhaus mit Pension und Restaurant baute, stieß auf dem gegenüberliegenden Baugrundstück der dortige Bauherr auf römische Mauern. Die Denkmalbehörde kam, die Villa wurde rekonstruiert – und oft bauten wir auf gleicher Höhe.“ Winzer Frick bietet Führungen und nach Vorbestellung römische Gerichte in seinem Gasthof an, auf Wunsch auch Picknicks, Grillveranstaltungen und Weinproben mit Blick auf die Villa.*

GASTHOF ZUR RÖMERVILLA, MEHRING

MEHRING

Die **VILLA RUSTICA** in Mehring wurde Mitte des 2. Jh. n. Chr. erbaut und bis zum frühen 4. Jh. immer wieder vergrößert, bis das Herrenhaus mit 34 Zimmern zu den größten im Trierer Raum zählte. Rekonstruiert sind heute die Hauptfront der ersten Bauphase mit Eckrisaliten, Porticus und Teilen des Badebereiches. Im Jahr 355 wurde die Villa durch Germaneneinfälle zerstört. Danach erfolgte in den Ruinen wahrscheinlich eine Zwangsansiedlung unterworfener Germanen, die die brach gefallenen Felder bewirtschafteten. Sehr spät, Ende des 5. Jh., wurde die Villa endgültig aufgegeben.

Schweinenacken mit Linsenmus

Die Rosinen waschen und im Weißwein einweichen. Die Fleischscheiben im Olivenöl anbraten. Das Suppengemüse dazu geben und kurz anschmoren. Knoblauchzehen und Rosmarin unterrühren und gleich 2 Liter Wasser auffüllen.

Die gewaschenen Linsen einrühren und mit Salz, Koriander, Pfeffer, Nelken und Lorbeerblättern würzen. 40 Minuten kochen lassen, bis die Linsen gar sind (das kann je nach Sorte 30 bis 60 Minuten dauern). Öfter rühren, damit die Linsen nicht anbrennen.

Zum Schluss die Rosinen noch 1 Minute mitkochen lassen und 2 Esslöffel Weinessig und 1 Teelöffel Honig dazu geben. Auf Teller anrichten und mit Kräutern und Schmand garnieren. Die Weinempfehlung: Spätburgunder trocken.

„Es war Liebe auf den ersten Blick", sagt **MONIKA KAUTH** *zu ihrer Auberge Altringer, wo sie seit 20 Jahren Chefin ist. An den Wänden des Gastraumes hängen Zeitungsartikel, in denen sie als „Kräuterhexe" bezeichnet wird. Für Gruppen bietet sie Kräuterwanderungen durch die Eifel an. „Die Kräuter haben mich auch zur römischen Küche gebracht", betont sie. „Ich hatte gehört, dass man im Trierer 'Domstein' römisch essen kann und dass dort intensiv mit Kräutern gearbeitet wird. Ich fuhr hin, schmeckte, war begeistert und begann selbst römisch zu kochen."*

AUBERGE ALTRINGER, SINSPELT

„VILLA URBANA" Im luxemburgischen „Leschendall", am Rand des wegen seiner Springprozession bekannten Abteistädtchens Echternach, lag eines der größten römischen Landgüter in der Umgegend der Provinzhauptstadt Trier. Bisher wurde der Wohnteil des um 60/70 n. Chr. erbauten Herrenhauses der „Villa rustica" bzw. „Villa urbana" ausgegraben. Ein modernes Besucherzentrum, ein Rundweg, ein römischer Garten und das Auditorium „Musica et Vox" entführen in die römische Epoche. Besonders Kinder lieben diese „Geschichte zum Anfassen".

ECHTERNACH

50 g Rosinen, 125 ml Weißwein, gepökelter Schweine- oder Kasselernacken (pro Person 1 Scheibe von ca. 2 cm), 5 El Olivenöl, je 100 g Sellerie, Möhren, Zwiebeln, fein gewürfelt, 6 Knoblauchzehen, 1 Tl Rosmarin, 500 g Linsen, Koriander, Pfeffer, 2 Nelken, 5 Lorbeerblätter, 2 El Weinessig, 1 Tl Honig, Schmand

Teig
250 g Vollkornmehl, 8 El Öl, 1 Ei, 1 Prise Salz

Belag
300 g Lauch, in Ringe geschnitten, 2 Möhren, gewürfelt, 2 Zwiebeln, gewürfelt, 2 Knoblauchzehen, 2 El Petersilie, 14 schwarze Oliven, in Scheiben geschnitten, 1 kleine Dose gekochte Linsen, 1 El Oliven- oder Rapsöl, 200 g Rauchfleisch, gewürfelt

Guss
4 Eier, 50 ml Milch, 2 El Olivenöl, Salz, Pfeffer

Römische Linsentarte

Für 6-8 Personen

Knetteig herstellen. Runde Springform damit auslegen. Rauchfleisch in Olivenöl auslassen. Vorbereitetes Gemüse 3-4 Minuten darin dünsten. Masse auf der Teigplatte verteilen.

Eiermilch herstellen, über das Gemüse gießen und 45 Minuten bei 180 Grad backen. Das Olivenöl kann durch Rapsöl ersetzt werden. Die Weinempfehlung: Elbling.

Hannelore Jacobi *ist Ernährungsberaterin im Dienstleistungszentrum Ländlicher Raum (DLR) in Bernkastel-Kues, das zugleich Steillagenweinbau-Kompetenzzentrum ist. „Genieße die Region" ist das Motto ihrer Arbeit, bei der es darum geht, die Vorzüge der regionalen Erzeugnisse hervorzuheben und neugierig auf die Kombinationsmöglichkeiten mit den Steillagen-Weinen zu machen.*

Dienstleistungszentrum Ländlicher Raum (DLR) Mosel, Bernkastel-Kues

iesport

Bislang ist die 1985 entdeckte **Kelteranlage im Piesporter Goldtröpfchen** die größte aller Anlagen an der Mosel. Experten schätzen, dass dort Lesegut von etwa 75 Hektar Weinbergen verarbeitet wurde. Münzfunde im Kelterhaus datieren die Anlage auf das 4. Jh. n. Chr. Wegen der in Piesport-Niederemmel gefundenen außergewöhnlichen Luxusgüter wie ein Diatretglas und eine goldene Gewandspange, die nur der Kaiser und allerhöchste Beamte besaßen, vermuten Historiker, dass dort der kaiserliche Verwalter ansässig war. Er war vermutlich nicht nur für die Piesporter, sondern für alle kaiserlichen Weinbaudomänen zuständig.

Perlhuhn nach Ausonius

Für 4 Personen

Das Perlhuhn in mundgerechte Stücke schneiden, in Mehl wenden und in Olivenöl knusprig anbraten. Dann mit Knoblauch, Kardamom, Koriander und Lorbeerblättern ohne Flüssigkeitszugabe 10 Minuten ziehen lassen und auf einem Bett gedünsteter „Duederen“ (dicke Mirabellen oder Pflaumen aus der Gegend Réimecher-Haff/Bech-Kleinmacher) anrichten.

Zum Perlhuhn passen ein fruchtiger Pinot gris (Grauburgunder) von der Luxemburger Mosel, Mussea (Weinbrötchen) sowie ein festlicher Puls: Getreide- resp. Dinkelbrei, dem man fein geschnittene Datteln, Rosinen, getrocknete Aprikosen sowie Mandelstifte beigemischt hat. Eine kräftige Prise gemahlener Pfeffer auf dem Ganzen gibt der Süße des Gerichts eine feurige Balance.

Datteln entkernen und mit Walnüssen und Pinienkernen füllen. In Salz wenden und in Honig braten.

Die Kruste von einem Brotlaib entfernen. Das Brot in Stücke zerlegen und in Milch tunken. In Öl braten, mit Honig beträufeln und auftischen.

Für das Dolce aus Mehl und kochender Milch einen festen Brei herstellen. Milch zugießen, bis der Brei eine gewisse Festigkeit hat. Den noch warmen Brei auf ein mit Backpapier belegtes Kuchenblech gießen, mit einem Spachtel 2 cm hoch verstreichen und vollständig abkühlen lassen. Mit einem Glas kleine Plätzchen ausstechen und in Öl backen. Mit Honig anrichten und zusätzlich mit einer kräftigen Prise Pfeffer würzen. Die Weinempfehlung: fruchtiger Pinot gris (Grauburgunder).

LUCIEN HOUDREMONT *schwärmt von der Vielfalt der Kultur im Umkreis von 15 Kilometern rings um sein an der luxemburgischen Mosel gelegenes Hotel. Die Kontraste könnten nicht größer sein: einerseits die römischen Villen in Nennig und Perl/Borg, die von 2000-jähriger Geschichte zeugen; andererseits die kosmopolitische Landeshauptstadt Luxemburg mit avantgardistischen Kulturhäusern wie dem Museum Grand-Duc Jean oder der Philharmonie. Die Küche des feinen Hotels ist französisch geprägt. Römisches gibt es auf der Karte seit ein Stammgast, ein Geschichtsprofessor, wieder und wieder begeistert davon erzählte.*

HÔTEL SAINT-NICOLAS, REMICH

1 Perlhuhn ca. 1 kg, 10 Knoblauchzehen, 1 kg Reineclauden, Mirabellen oder Pflaumen, 4 Lorbeerblätter, 100 g Olivenöl, Kardamom, Koriander

Puls

500 g (Dinkel)-Schrot, 200 g fein geschnittene Datteln, 100 g Rosinen, 100 g getrocknete Aprikosen, 50 g Mandelstifte, 1 Prise Pfeffer

Gefüllte Datteln

500 g Datteln, 100 g Walnüsse, 100 g Pinienkerne, Honig, Salz

Honigbrot

500 g Brot, 100 g Öl, 100 g Honig

Dolce miste

500 g Mehl, Milch, 100 g Honig, Pfeffer

BECH-KLEINMACHER

Der an der luxemburgischen Mosel gelegene **TEMPEL** in Bech-Kleinmacher, in spätrömischer Zeit für die Familie eines reichen Winzers und Weinhändlers erbaut, wurde im 5. Jh. n. Chr. zerstört. Unterhalb des rekonstruierten Grabtempels kreuzen sich heute die „Route du Vin“ und die „Rue des Caves“.

Kalbsteaks
4 Stengel Ysop. 2 Köpfe römischer Pflücksalat, 4 Kalbsteaks vom Rücken à 180 g (Vitellina Fricata)

Moretum
500 g Feta-Käse, 4 Knoblauchzehen, 1 Bund Selleriegrün oder Gelbdolde, 1 Bund frischer Koriander, Blätter von einem Ästchen Weinraute, 1 El Olivenöl, 1 Prise Salz, Pfeffer aus der Mühle

Marinade für den Salat
150 ml Olivenöl, 150 ml Weißweinessig, 1 Prise Salz, 1 Tl Honig, Koriander und Pfeffer aus der Mühle

BELGINUM

Im **ARCHÄOLOGIEPARK BELGINUM** treffen modernes Design und Fundstücke aus der keltischen und aus der römischen Epoche zwischen dem 4. Jh. v. Chr. bis zum 4. Jh. n. Chr. zusammen. Im Konzept von „Archäologie zum Anfassen” ist all das auch für Kinder spannend aufbereitet: die „Dinge des Lebens” und die „Orte des Lebens“, „Geologie“, „Handel und Handwerk“, „Speis und Trank“. Es geht auch um Tempel und Kulte sowie um das „Gräberfeld Belginum“. Das befand sich hier einst neben mehreren Tempelbezirken, der Siedlung sowie dem römischen Militärlager, alles an der Straße Trier-Mainz gelegen.

Gegrilltes Kalbsteak mit Moretumkruste auf mariniertem römischen Pflücksalat

Für 4 Personen

Zuerst bereiten wir das Moretum vor. Es sollte mehrere Stunden ziehen, wenn möglich einen ganzen Tag. Der Fetakäse wird auf einer Reibe zerkleinert. Alle anderen Zutaten in einem hohen Gefäß mit einem Pürierstab mixen. Danach unter die Käsemasse mischen und kalt stellen.

Die Marinade für den Salat wird ebenfalls in einem hohen Gefäß gemixt.

Die Kalbsteaks grillen oder ersatzweise in einer Pfanne braten. Danach werden die Steaks auf einer feuerfesten Platte und mit dem in 4 Teile portionierten Moretum goldbraun überbacken. Der Käse sollte leicht zerlaufen sein.

Den Ysop kurz in heißem Olivenöl grillen und auf die Kalbsteaks verteilen. Nun kann der marinierte Salat mit dem überkrusteten Kalbsteak serviert werden. Dazu wird römisches Fladenbrot (mit Dinkel, Honig und Koriander) gereicht. Die Weinempfehlung: Riesling halbtrocken.

KERSTIN SEIFERT *ist Küchenmeisterin. Sie bevorzugt eine frische, leichte Küche und liebt „das nahezu unbegrenzte Spiel der Kräuteraromen". An der römischen Küche schätzt sie besonders deren Kräutervielfalt. Sie bietet ein römisches Menü an, dessen Gänge auch einzeln bestellt werden können. Das helle Restaurant-Bistro liegt direkt an der Mosel und die Terrasse bietet einen freien Blick auf den Fluss und die Weinberge.*

RESTAURANT-BISTRO BÄRCHEN IM HOTEL BÄREN, BERNKASTEL-KUES

MAIGA WERNER *beliefert vor allem Restaurants mit frischen Schnittkräutern, die sie in ihren Naturkräutergärten im Hunsrück selbst anbaut. Neben bekannten Küchenkräutern kultiviert sie auch alte und fast vergessene Kräuter sowie essbare Wildkräuter. Außerdem richtet sie Kräutergärten wie den des Archäologieparkes Belginum ein. Maiga Werner ist überzeugt von der wohltuenden Wirkung der Kräuter: „Den Wild- und Unkräutern soll wieder ein Platz in unserer Nähe gewährt werden, weil ihre vor Vitalität strotzende Hartnäckigkeit auch für uns heilsam sein kann."*

NATURKRÄUTERGARTEN, KLEINICH

LAMMRAGOUT MI

750 g mageres Lammfleisch in Würfeln (wenn man eine sämige Sauce bevorzugt, kann man auch Lammhaxen wählen), 2 El Kapern, 6 Anchovis, klein gehackt, 2 Lorbeerblätter, 2 Gewürznelken, 125 g Zwiebeln oder 1 Bund Frühlingszwiebeln, 5 Knoblauchzehen, Salz oder Liquamen, 2-3 El Sojasauce, 1/4-1/2 Tl Pfeffer, 1/4 Tl Raute, 1 Tl Cynar, 1/4 Tl Bohnenkraut, 1 Tl Thymian, 1 Hand voll Rosinen, Olivenöl, ca. 200 ml Weiß- oder Rotwein, Petersilie oder Schnittsellerie, gehackt

KAPERN UND SARDELLEN

Für 4-6 Personen

Lammfleisch in Olivenöl anbraten. Gewürze und Zutaten bis auf die Anchovis und die Kapern hinzufügen und mit warmem Wasser und Wein ablöschen. Zugedeckt ungefähr 90 Minuten im Ofen bei 160 Grad Heißluft schmoren.

5 Minuten vor dem Servieren die Anchovis und Kapern hinzufügen. Mit gehackter Petersilie oder Schnittsellerie bestreuen. Die Weinempfehlung: roter Pinot noir.

RINGS UM REMICH *wachsen die Reben auf kalkhaltigen Böden, auf Keuper mit Tonmergel. Das Tal ist hier offen, am luxemburgischen, westlichen Ufer ziehen sich die Weinberge als 400 Meter breiter Saum an der Mosel entlang. Rita und Laurent Kox erzeugen in ihrem Weingut neben Riesling, Rivaner, Auxerrois, Pinot noir, Elbling, Pinot gris, Pinot blanc, Chardonnay, Gewürztraminer und Crémant. In den Probierräumen des Familienbetriebes können Gruppen nach Voranmeldung kulinarische Weinproben genießen – auch mit römischen Speisen.*

DOMAINE VITICOLE LAURENT ET RITA KOX, REMICH

DALHEIM

VICUS UND THEATER Vom 3. bis zum 1. Jh. v. Chr. war das Plateau „Petzel" beim luxemburgischen Dalheim keltisch besiedelt. Als 18 v. Chr. die Römerstraße Mittelmeer-Lyon-Metz-Trier-Rhein erbaut wurde, entstand auf halber Strecke zwischen Metz und Trier eine Raststation. Der Vicus wurde mehrfach um- und wiederaufgebaut und 407 n. Chr. endgültig zerstört. Reste des Vicus und eines Theaters können besichtigt werden. Schon 1863/64 war im Ort gegraben worden, wobei im Tempelbezirk Götterstatuen von Minerva und Jupiter gefunden wurden. Der Notarschreiber, der die Ausgrabungen unternommen hatte, verkaufte sie jedoch an das Pariser „Musée du Louvre", wo sie noch heute bewundert werden können.

PERL-BORG

In unmittelbarer Nähe der Fernstraße Trier-Metz erlebte die **VILLA RUSTICA** im 2. Jh. n. Chr. ihre Blütezeit. Die 7,5 ha große Anlage ist funktionsfähig restauriert. Im Herrenhaus befindet sich ein Museum mit Fundstücken aus der gallo-römischen Epoche der Region. Das Badegebäude kann für ein „Antikes Badeerlebnis im Villenbad" gemietet werden; die Taverne ist im ehemaligen Wirtschaftsteil untergebracht. Für den außergewöhnlichen Garten ist eine besondere Führung buchbar.

NATURJOGHURT MIT FEIGENMUS

Für 4 Personen

Die Feigen mit den Gewürzen 1 Stunde im Trauben- und Orangensaft einweichen. Zum Kochen bringen und ca. 15 Minuten auf kleiner Flamme reduzieren. Die Gewürze aus dem Sud entfernen und die Feigen mit der Flüssigkeit pürieren.

Den Joghurt auf 4 Teller verteilen und jeweils 1/4 des Feigenmus in die Mitte des Joghurts geben. Den Waldhonig um das Feigenmus verteilen. Die gerösteten Sesamkörner auf Joghurt und Feigenmus streuen. Die Minzeblätter als Garnitur obendrauf legen. Die Weinempfehlung: Riesling edelsüß.

SCHNITZEL AUF ALTRÖMISCHE ART MIT PFLAUMEN UND MANDELN

Für 4 Personen

Gewürze und Kräuter mit dem Olivenöl zu einer Marinade verrühren und das Fleisch darin einlegen. Das Lorbeerblatt und die Wacholderbeere im Mörser reiben und ebenfalls zur Marinade geben.

Eine Pfanne erhitzen und das marinierte Fleisch darin anbraten. Die Schalotte klein schneiden und dazugeben. Die getrockneten Pflaumen würfeln und dazugeben. Den Senf und die gehobelten Mandeln ebenfalls hinzufügen. Alles kurz mit den Schnitzeln anbraten. Mit der restlichen Marinade, dem Fleischfond oder der Brühe und der Sahne ablöschen. Die Zutaten mit dem Fleisch kurz sämig aufkochen lassen. Es sollte rasch gearbeitet werden, da das Fleisch nur zart bleibt, wenn es nicht allzu lange erhitzt wird. Das Gericht schmeckt lecker in Verbindung mit frischem Salat oder knackig gedünstetem Gemüse. Die Weinempfehlung: Riesling halbtrocken.

RUTH HEISEL *bietet in der römischen Taverne Speisen nach den Rezepten des römischen Feinschmeckers Marcus Gavius Apicius an: Lucanische Würste mit dicken Bohnen und Salat, gekochte Eier in Pinienkernsauce, Huhn in Wein-Lauch-Sauce mit Koriander, Getreide und römischem Gemüse ... Bei schönem Wetter kann man draußen speisen, während die rekonstruierte Anlage Römisches für alle Sinne vermittelt.*

TAVERNE VILLA BORG, PERL-BORG

Naturjoghurt

500 g Naturjoghurt, 200 g getrocknete Feigen, 250 ml roter Traubensaft, 1 Anisstern, 1 Zimtstange, 3 Gewürznelken, 1 Prise Salz, 2 El Orangensaft, 1 Prise schwarzer Pfeffer, 1 Tl Waldhonig, 1/2 Tl geröstete Sesamkörner, 4 Minzeblätter

Schnitzel

4 dünne Schweine- oder Kalbsschnitzel, jeweils ca. 150 g, 1/2 Tl gemahlener Koriander, 1 Messerspitze Salz, 1/2 Tl schwarzer gestoßener Pfeffer, 1/2 Tl getr. Majoran oder röm. Kräutermischung, 1 Prise gemahlener Kümmel, 1 El Liquamen (ersatzweise asiatische Fischsauce), 1/2 Tasse Olivenöl, 1/2 Tl Honig, 1 Lorbeerblatt, 1 Wacholderbeere, 1 Schalotte, 2 getrocknete Pflaumen, 2 Tl Senf, 1 El gehobelte Mandeln, 60 ml Fleischfond oder Brühe, 60 ml Sahne

Wildschweinleberwurst

Kochsud

3 l Wasser, 1 kleine Sellerieknolle, 2 Karotten, 1/2 Stange Lauch, 4 Knoblauchzehen, 1 Bund Petersilie, 2 Zweige Rosmarin, 1 El schwarze Pfefferkörner, Salz

Leberwurst

200 g Wildschweinragout,
2 kg Rauchfleisch,
800-1000 g Wildschweinleber,
200 ml Kabinett Trocken,
6 Schalotten, feingehackt,
Schweineschmalz,
25 g Nitritpökelsalz, Pfeffer, Muskatnuss, 2 El frischer Thymian, 8 Wacholderbeeren

MIT ROSMARIN À LA SCHMITT

Ergibt 12 bis 14 Gläser à 200 g

Zutaten für den Sud aufkochen lassen und das Rauchfleisch und das Wildgulasch bei 80 Grad ungefähr 1 Stunde ziehen lassen. 15 Minuten vor Ende der Garzeit die Wildschweinleber dazufügen.

Die Schalotten in Schweineschmalz leicht bräunen. Leber, Rauchfleisch und Gulasch durch die mittlere Scheibe des Fleischwolfes drehen. Pökelsalz und Gewürze dazugeben und die Masse mit dem Wein und 300 Mililiter des Kochsuds sämig verrühren.

In die Einmachgläser füllen, verschließen und 2 Stunden im Einkocher bei 90 Grad pochieren lassen.

Dazu schmecken Dinkel- oder Vollkornbrot, in Rotweinessig marinierte und gebratene Champignons oder Traubengelee. Die Weinempfehlung: Riesling halbtrocken.

JOSEF SCHMITT, ehemaliger Bürgermeister, beschäftigt sich seit Anfang der 1980er Jahre mit der römischen Vergangenheit von Longuich-Kirsch. Unter anderem setzte er sich für die Ausgrabung und Restaurierung der „Villa urbana“ ein. Im Restaurant arbeiten Pia und Cilly Schmitt seit einiger Zeit mit Rezepten aus der römischen Küche. Zum Wild aus eigener Jagd, als selbst geräucherter Schinken oder als Salami zubereitet, werden römisch inspirierte Speisen wie Kräuterbrot, Lorbeerbrötchen oder Raukesalat gereicht.

WEINGUT JOACHIM SCHMITT, LONGUICH

TRIER

Angesichts der Ruinen der **KAISERTHERMEN** kann man den Glanz der ehemaligen Kaiserresidenz Trier noch erahnen. Sie waren als öffentlicher Bau geplant, wurden aber nur in verkleinerter Form fertiggestellt, vermutlich, weil die Reichshauptstadt nach Konstantinopel verlegt wurde. Erbaut wurden die Kaiserthermen nach 294 n. Chr. In einem Haus unter der Thermenanlage wurde das heute im Landesmuseum ausgestellte Mosaik des Rennfahrers Polydus gefunden.

Libum Libido

Kuchen der Lust und Begierde

Alle Zutaten auf Zimmertemperatur bringen.
Eier, Butter, Speiseöl, Zucker, Tresterfeinbrand und Honig zu einer glatten Masse verrühren. Danach Mehl, Weizenstärke, Backpulver und Gewürze sorgsam vermischen und langsam unter die erste Masse heben. Den in eine Kastenform gegebenen Rührteig etwa 30 Minuten ruhen lassen. Bei 180 Grad ca. 50 Minuten backen. Die Weinempfehlung: Spätburgunder.

Konstantin-Taufbrot

Da sich Konstantin am Tage seines Todes taufen ließ, hier noch ein Rezept für Brote in Kreuzform.

Hefe mit warmem Wasser und Honig zu einem Ansatz (Vorteig) verarbeiten und ca. 15 Minuten abgedeckt ruhen lassen. Die 3 Mehlsorten und den Ansatz gut vermischen und einen glatten Teig kneten. Den Teig abgedeckt bei Zimmertemperatur ca. 1 Stunde reifen lassen. Danach den Teig nochmals durchkneten, ihn zu 2 Kreuzen formen und auf ein Backblech legen. Hier nochmals ca. 25 Minuten reifen lassen. Die Oberfläche mit einem Messer beliebig einschneiden. Im vorgeheizten Ofen bei ca. 230 Grad ungefähr 25 Minuten backen. Die Weinempfehlung: Riesling trocken.

BÄCKEREI LICHT, LIESER

Bäckermeister **RAIMUND LICHT** *und seine Frau Ilona Husz-Merz stellen Brot, Brötchen, Kleingebäck, Plätzchen, Kuchen und Torten her. Einige der römischen Backwaren wie der „Kuchen der Lust und Begierde" sind, im verschlossenen Glas aufbewahrt, versandfähig und mehrere Monate haltbar. Die Bäckerei bietet auch keltisch-römische Brotsorten an.*

RÖMISCHE KELTER
Die römische Kelter von Maring-Noviand wurde 1977 während der Flurbereinigung entdeckt, freigelegt und – als erste an der Mosel – teilweise rekonstruiert. Das Kelterhaus war Teil eines Gutshofes, der zwischen dem 2. und 4. Jh. n. Chr. erbaut und erweitert wurde. Das Kelterhaus wird aufgrund entsprechender Münzfunde auf die erste Hälfte oder Mitte des 4. Jh. n. Chr. datiert. Später fiel es wahrscheinlich der Zerstörungswut der Germanen zum Opfer.

MARING-NOVIAND

Libum Libido
250 g Eier (ca. 5 Eier), 120 g Butter, 120 g Speiseöl, 120 g Zucker, 150 g Honig, 200 g Mehl, 50 g Weizenstärke, 10 g Backpulver, 1 Prise Salz, Safranfäden, Kardamom, Zimt, Nelken, Tresterfeinbrand

Konstantin-Taufbrot ↑
300 g Dinkelmehl, 200 g Weizenmehl, 500 g Roggen, 1 El Honig, 1,5 El Salz, 70 g Hefe, 700 ml Wasser

Panierter Bornwieser Flammkäse mit Pfirsich-Chutney

Für 4 Personen

Für den Chutney Zucker und Wasser ca. 10 Minuten zu Läuterzucker sirupartig einkochen. Währenddessen die Schalotten würfeln, Ingwer schälen und würfeln. Chili entkernen und ebenfalls würfeln. Pfirsiche kreuzweise einschneiden und in kochendem Wasser 30 Sekunden blanchieren, abschrecken, häuten und entsteinen, ebenso würfeln. Alles zusammen mit dem Essig in den Sirup geben und nochmals ca. 5 Minuten reduzieren, mit dem Mixstab pürieren, mit Salz und Pfeffer würzen.

Den Flammkäse in 4 Scheiben zu je 50 g portionieren, mit Salz würzen, in Mehl und Ei wenden, mit Bröseln panieren. In Öl von beiden Seiten braten und in Butter goldgelb nachbraten.

Den gebratenen Flammkäse mit dem abgekühlten Chutney anrichten. Die Weinempfehlung: Riesling halbtrocken.

HOTEL ZUR POST, KELL

MICHAEL KRÄMER *liebt sportliche Herausforderungen und bietet als „Bett & Bike"-Betrieb nahe des Ruwer-Hochwald-Radweges „Denk-Mal!"-Touren an. Als Mountainbiker fährt er häufig zu den umliegenden Denkmälern aus römischer Epoche. Es war also naheliegend, dass er irgendwann begann, sich auch für römische Küche zu interessieren. In seiner offenen Schauküche wird öfters Römisches zubereitet, beispielsweise römisches Fingerfood. Besonders spannend findet Michael Krämer die Kombinationsvielfalt von römischer Küche und Weinen von Mosel, Saar und Ruwer. Das Hotel-Restaurant „Zur Post" zählt nach Ansicht des SWR zu den 20 besten Landgasthöfen in Rheinland-Pfalz. Das Restaurant ist Mitglied „Des Grünen Pfades".*

Flammkäse
200 g Flammkäse natur, Mehl, Ei, Semmelbrösel, Öl, 20 g Butter

Chutney
125 g Zucker, 125 ml Wasser, 80 g Schalotten, 20 g frischer Ingwer, 1/2 Chilischote, 50 ml Apfelessig (ersatzweise Weinessig), Salz, Pfeffer, 2 Pfirsiche à 150 g

Aal ↑

1 kg Aal, ausgenommen, 200 ml Rieslingwein, 500 ml Fischfond, 1 mit Nelken und Lorbeer gespickte Zwiebel, Salz, 1 Spritzer Essig, 1 Gemüsebouquet aus Möhre, Lauch und Sellerie

Sauce

250 g Maulbeeren oder Brombeeren, 20 g Butter, 50 g Walnüsse, gehackt, 200 ml Rotwein, 2 El Honig, 1 Msp. Ingwer, gemahlen, 2 El Fischsauce, 1 El Weinessig, etwas Maisstärke zum Abbinden, ca. 200 ml vom Aalfond, Pimpernelle

Ziegenfrischkäse →

Ziegenfrsichkäse, 1 Apfel, Honig, Walnüsse, grob gemahlen, Butter, Riesling, Peffer, Rucola-Salat

Pochierter Moselaal mit Maulbeer-Sauce

Für 4 Personen

Aus dem Riesling, Fischfond, Zwiebel, Salz, Essig und Gemüsebouquet einen Sud herstellen. Den Aal in 4-5 cm große Stücke schneiden.

In der Zwischenzeit Butter für die Sauce erhitzen, die gehackten Walnüsse dazugeben und kurz anrösten, den Honig und die Maulbeeren zu den Walnüssen geben, leicht karamellisieren lassen und mit dem Rotwein ablöschen. Nun etwas von dem Aalsud hinzugeben und alles zusammen mit den Gewürzen aufkochen lassen. Auf kleinerer Hitze ca. 15 Minuten köcheln lassen. Nach ca. 5 Minuten den Aal in den heißen Fischsud geben und für 10 Minuten bei kleiner Hitze garen lassen. Der Aal darf nicht zum Kochen kommen, sondern sollte vor dem Siedepunkt simmern. Vor dem Anrichten die Sauce mit etwas Maisstärke abbinden und kurz aufkochen lassen. In die Tellermitte etwas Sauce geben und darauf die abgetropften Aalstücke anrichten. Mit Walnusshälften und frischer Pimpernelle garnieren. Die Weinempfehlung: Riesling feinherb.

Ziegenfrischkäse römische Art

Aus dem Ziegenfrischkäse kleine Kugeln formen und in grob gemahlenen Walnüssen wälzen. Apfel vom Kerngehäuse befreien und in ca. 1 cm dicke Scheiben schneiden. Apfelscheiben in einer Pfanne in Butter kurz anbraten. Mit Riesling ablöschen und Honig dazugeben. Die Käsekugeln auf die Apfelscheiben setzen. Honig und frisch gemahlenen schwarzen Pfeffer darübergeben. Das Ganze im auf 180 Grad vorgeheizten Ofen 10-15 Minuten überbacken. Auf Rucola-Salat anrichten. Die Weinempfehlung: Riesling feinherb.

Landidyll-Hotel Brauneberger Hof, Brauneberg

Obwohl die Hauswirtschaftsmeisterin und Restaurantfachfrau **HILDE CONRAD** *erst im Alter von 49 Jahren ihr Hotel eröffnete, gewann dieses schnell an Renommee. Der SWR zählt es jedenfalls zu den 20 besten Landgasthöfen in Rheinland-Pfalz. Hilde Conrad beschäftigt sich schon lange mit den Rezepten des Apicius (Marcus Gavius Apicius, 1. Jh. n. Chr.) und den Lobpreisungen des Ausonius. Mit mediterranem Temperament schwärmt sie für die seit Ausonius verbürgte Schönheit der Mosellandschaft, die Qualität der regionalen Produkte und das Einzigartige des Mosel-Rieslings. Ihr Restaurant ist Mitglied in der Vereinigung „Der Grüne Pfad".*

Hähnchenschenkel

12 Hähnchenschenkel, 1 l trockener Weißwein, 200 g Honig, 3 Kardamomkapseln, etwas Koriander, gemahlen, 5 Knoblauchzehen, 2 kandierte Ingwerknollen mit etwas Saft, 3 Lorbeerblätter, 3 Zweige Thymian, 1 Zweig Liebstöckel, 2 El Sojasauce, 3 Zwiebeln, ca. 1 l Geflügeljus, Rosinen nach Belieben, Salz und Pfeffer

Bulgur

200 g Bulgur grob, 600 ml Geflügelbrühe, 100 g dünne Böhnchen, blanchiert und in feine Ringe geschnitten, 100 g Karotten, in kleine Würfel geschnitten und blanchiert, 6 Msp. Kardamom, 4 Msp. Koriander, 1 Sträußchen Liebstöckel, fein geschnitten, Salz, Pfeffer

Küchenmeister **OLIVER BELL** *aus Treis-Karden leitete den Seminarblock „Römische Küche" innerhalb der Seminare „Römische Küche – Antike schmecken" der Mosellandtouristik GmbH. Seine Lehr- und Wanderjahre absolvierte der Moselaner unter anderem als „Commis de cuisine" in der „Ente vom Lehel" in Wiesbaden und als „Chef de partie" in „Steinheuers Restaurant" in Bad Neuenahr-Heppingen. Zurück im idyllischen Treis-Karden, nahe der gallo-römischen Tempelanlage Martberg, begann er vor einigen Jahren, sich mit der römischen Küche zu beschäftigen. Er führt das Restaurant-Hotel gemeinsam mit seiner Frau Judith Bell, geborene Schwarz, sowie mit seinen Eltern Marlies und Hans-Günter Bell. Oliver Bells Gattin stammt aus einer Winzerfamilie und war in den Jahren 1993 und 1994 Weinkönigin des Anbaugebietes Mosel-Saar-Ruwer.*

SCHLOSS-HOTEL-PETRY, TREIS-KARDEN

HÄHNCHENSCHENKEL IN WEISSWEIN UND HONIG, GESCHMORT MIT ROSINEN UND GEMÜSEBULGUR

Für 6 Personen

Für die Marinade Weißwein mit Honig und Gewürzen aufkochen. Zwiebeln zusammen mit den Hähnchenschenkeln in ein Gefäß geben. Abgekühlte Marinade darüber geben und mindestens 2 Tage darin liegen lassen.
Hähnchenschenkel und Zwiebeln aus der Marinade nehmen. Zwiebeln auf ein Blech oder in einen Bräter geben. Hähnchenschenkel mit Salz und Pfeffer würzen und mit der Haut nach oben auf die Zwiebeln legen. Etwas von der Marinade angießen und im Ofen ca. 40 Minuten (Kombidämpfer 160 Grad Heißluft) schmoren. Wenn die Hähnchenschenkel gar sind, diese herausnehmen.
Die geschmorten Zwiebeln mit dem Fond und der restlichen Marinade in einen Topf geben. Mit dem Geflügeljus auffüllen und einige Zeit einkochen lassen. Später durch ein Spitzsieb passieren und eventuell mit etwas Wein, Honig und Salz abschmecken. Rosinen in die Sauce geben, einmal aufkochen und die Hähnchenschenkel wieder in die fertige Sauce legen.

Bulgur am besten über Nacht in der Geflügelbrühe einweichen. Eingeweichten Bulgur mit der Brühe in einen Topf geben und auf kleinster Hitze zusammen mit Kardamom, Koriander und etwas Salz garziehen lassen. Wenn die Flüssigkeit ganz aufgesogen ist, die klein geschnittenen Gemüse hinzufügen und nochmals abschmecken. Zum Schluss den fein geschnittenen Liebstöckel untermischen. Die Weinempfehlung: Riesling halbtrocken.

Feines Wildschweinragout

Wildschweinragout
1,2 kg pariertes Wildschweinefleisch (aus der Schulter und/oder Keule),Traubenkernöl zum Anbraten, 1 El Mehl zum Abbinden

Marinade
1 l kräftiger roter Pinot noir, 2 El Sojasauce, 1 Tl weiße Pfefferkörner, 1,5 Tl Wacholderbeeren, 150 g Möhren, gewürfelt, 150 g Schalotten, gewürfelt, 70 g Knollensellerie gewürfelt, 2-3 Lorbeerblätter, 2 Knoblauchzehen, 2 Nelken, 1 Zweig Thymian, 1 Schuss Rotweinessig und/oder Weinbrand

Honigfeigen
8 frische, reife Feigen, 500 ml Rotwein, 50 g Honig, 1 kleine Zimtstange, 1 El Winzeressig (rot), 1 Prise Salz, 1 kleiner Zweig Rosmarin

MIT HONIGFEIGEN

Für 4 Personen

Das Fleisch in gleich große Würfel schneiden, in die Marinade geben und 2-3 Tage im Kühlschrank aufbewahren. Aus der Marinade nehmen, trocken tupfen und mit etwas Öl von allen Seiten anbraten. Das abgesiebte Gemüse in einer zweiten Pfanne nicht zu scharf anbraten.

Das Fleisch mit dem Mehl bestäuben und kurz mitrösten (soll Farbe ziehen). Mit der Marinadeflüssigkeit ablöschen. Ebenso das Gemüse ablöschen und zu dem Fleisch geben. 1 Stunde köcheln lassen. Das Fleisch aus der Bratenflüssigkeit nehmen, diese durch ein Sieb geben. Das Fleisch zurück in die Flüssigkeit geben und weitere 30 Minuten köcheln lassen. Garprobe machen. Man kann auch zum Ablöschen einen Teil der Beize durch 250 ml Wildfond ersetzen. Zum Schluss mit einer Messerspitze Ingwerpulver, frisch gemahlenem Pfeffer und evtl. etwas Salz abschmecken. Das Ragout lässt sich, wie alle Schmorgerichte, hervorragend am Vortag zubereiten.

Für die Feigen: Die Flüssigkeit mit den Gewürzen zur Hälfte einkochen. Die Feigen waschen und kreuzweise am Stiel einschneiden. In den reduzierten Sud einlegen und bei 180 Grad im vorgeheizten Ofen 10 Minuten zugedeckt garen. Die Feigen auf einem separaten Teller zum Ragout reichen. Die Weinempfehlung: roter Pinot noir.

LEADER+ MISELER LAND, GREVENMACHER

MARC WEYER *ist Präsident der regionalen Aktionsgruppe LEADER+ Miseler Land und zugleich Präsident des luxemburgischen Winzerverbandes. Beide Verbände setzen sich für die luxemburgische Mosel-Region ein, indem sie Stärken bündeln und Synergieeffekte schaffen, und dies vermehrt grenzüberschreitend. Besonders bei den Aktivitäten von LEADER+ Miseler Land werden Bereiche wie Weinbau, Landwirtschaft, Naturschutz, Kultur und Kunst weitgehend vernetzt, wie Marc Weyer erklärt: „Die Akteure dieser Gruppe stellen einen Querschnitt der Bevölkerung dar. Was sie zusammen initiieren ist sehr facettenreich: regionale Produkte, ein Moselwanderweg, Aktionen in Restaurants, Entdeckungstouren im Miseler Land, das Projekt Tafeltrauben, Pflege und Wiederbewirtschaftung brachliegender Streuobstwiesen, Schulhofgestaltungen, ein Nordic Walking-Park, Kunstausstellungen oder Beiträge zur Straße der Römer."*

PASTINAKENBRATLINGE MIT ERBSE

Für 4 Personen

Die Haferflocken in einer Pfanne ohne Fett unter gelegentlichem Umwenden rösten, bis sie zart duften.

Die Gerste in das Wasser rühren. Die zerkleinerten Liebstöckelblätter sowie die gekörnte Brühe und das Delikata dazugeben. Unter Rühren zu einem dicken Brei kochen und auf der ausgeschalteten Kochstelle 10 Minuten ausquellen lassen. Den Quark und die Haferflocken untermischen.

Die Pastinaken unter fließendem Wasser sauber bürsten, abschaben oder dünn schälen. Dann zusammen mit den Nüssen im Elektrohacker mittelfein zerkleinern. Diese Mischung zum Getreide geben. Die Eier und die Petersilie hinzufügen und alles gründlich mischen. Die Masse mit Salz, Pfeffer und Muskat würzen. Dann 2-3 Bratlinge pro Person formen und in etwas Butterschmalz bei mäßiger Hitze etwa 7 Minuten pro Seite hellbraun braten.

Die Erbsen 3 Minuten lang in kochendem Wasser blanchieren und abgießen. Mit Knoblauchöl, Butter und klein gehacktem Rosmarin vermischen, mit Salz und Pfeffer abschmecken und mit dem Mixer fein pürieren. Die Weinempfehlung: Riesling feinherb.

LINSEN-KASTANIENBRATEN MI

Für 6 Personen

Maronen waschen, schlitzen und noch heiß in einer Pfanne mit geschlossenem Deckel braten. Pfanne vom Herd nehmen und noch 15 Minuten nachdämpfen lassen. Linsen im Wasser 30 Minuten weich kochen lassen. Knoblauch durchpressen, Salbeiblätter grob hacken.

Öl in einer Pfanne erwärmen, Knoblauch und Salbei kurz darin anbraten und zu den Linsen geben. Maronen schälen und mit allen anderen Zutaten in eine große Schüssel geben und vermischen. Alles in eine Kastenform geben und bei 180 Grad ca. 50-60 Minuten backen. Tranchieren, mit der Gorgonzolasauce übergießen und servieren.

Die Zwiebel und den Knoblauch schälen, sehr fein hacken und in Öl kurz anbraten. Das Mehl drüberstäuben und mit der Sahne und dem Weißwein ablöschen. 200 g Gorgonzola in Stückchen mit den Pinienkernen unter die Sauce rühren. 10 Minuten ziehen lassen. Den restlichen Gorgonzola sehr fein zerbröckelt über die Sauce streuen. Die Weinempfehlung: Weißburgunder trocken.

PÜREE

GORGONZOLASAUCE

Linsen-Kastanienbraten
200 g Maronen, 200 g Linsen, 600 ml Wasser, 2 El Öl, 10 Blätter Salbei, 8 schwarze Oliven, 50 g Paniermehl, 3 El Rotwein, 2 El Rosinen, 2 Eier, 100 ml saure Sahne, 3 Knoblauchzehen, Sojasauce, Salz, Pfeffer

Gorgonzolasauce
1 kleine Zwiebel, 1-2 Knoblauchzehen, 3 El Olivenöl, 1 Tl Mehl, 375 ml Sahne, 125 ml Weißwein, 300 g Gorgonzolakäse, 50 g Pinienkerne, 1/2 Tl getrocknete italienische Kräutermischung, Weißwein

Bratlinge
60 g Haferflocken, 75 g Nacktgerste, mittelgrob geschrotet, 200 ml Wasser, 3 Liebstöckelblätter, 3 Tl gekörnte Gemüsebrühe, 1,5 Tl Delikata (Würzmischung, erhältlich im Reformhaus), 150 g Quark, 200 g Pastinaken, 60 g Hasel- oder Walnüsse, 2 kleine Eier, 2 El Petersilie, Kräutersalz, schwarzer Pfeffer, gemahlen, Muskatnuss, Butterschmalz, 200 g Erbsen (evtl. tiefgekühlt), 2 El Knoblauchöl, 1 El Butter, 1 El Rosmarin, gehackt, Salz

DR. MARTIN THOMA *leitete den Seminarblock „Geschichte" innerhalb der Seminare „Römische Küche - Antike schmecken" der Mosellandtouristik GmbH. Zu den römischen Festessen bemerkt Dr. Thoma: „Zweifellos gab es die opulent inszenierten Gastmähler mit Musik und Tänzerinnen sowie auserlesenen Köstlichkeiten, die Unsummen verschlangen. Gäste sollten beeindruckt und der Reichtum des Gastgebenden zur Schau gestellt werden. Wenn es im Moselraum zu solchen Festen kam, dann vorwiegend in Trier und in den umliegenden Palastvillen. Wie bei jeder schwer arbeitenden Bevölkerung, die auf das Tageslicht zur Verrichtung der Arbeit angewiesen war, fiel nach dem schnell eingenommenen Frühstück auch das Mittagessen kurz aus, deshalb hatte das Abendessen einen umso höheren Stellenwert."*

LANDESAMT FÜR ARCHÄOLOGISCHE DENKMALPFLEGE, KOBLENZ

„Der Grüne Pfad“ weist den Weg zu 25 Bauernhöfen, Weingütern und Betrieben, die ihre ursprüngliche Daseinsform bewahrt haben. Das Angebot umfasst Ferien auf dem Bauern- oder Winzerhof, Übernachtungen im Heu, kulinarische Erlebnisse in Bauernhofgaststätten und Winzertavernen oder auf Grillplätzen mit atemberaubender Aussicht. Dort, wo sich die Mitgliedsbetriebe „Des Grünen Pfades“ befinden, ist es meistens nicht weit zu den Schauplätzen römischer Geschichte.

Mosellandtouristik GmbH
Kordelweg 1
D-54470 Bernkastel-Kues
Tel.: +49 (0) 6531 9733 0
Fax: +49 (0) 6531 973333,
info@mosellandtouristik.de
www.mosellandtouristik.de
www.der-gruene-pfad.de

Manche Häuser bieten römische Gerichte an. Andere erzeugen Genussmittel, die keine industrielle Fertigung durchlaufen haben, sondern ähnlich ursprünglich sind wie die Nahrungsmittel, die die romanisierten Treverer hier produzierten, als die Region zum Imperium Romanum gehörte. Diese regionalen Produkte, von Obst über Käse bis zu Hochprozentigem, eignen sich besonders gut, um die in diesem Buch aufgeführten römisch inspirierten Rezepte nachzukochen.

Die Interessengemeinschaft „Erleben und Genießen Mosel-Eifel-Hunsrück“ gibt es seit Anfang der 1990er Jahre. Die Broschüre „Der Grüne Pfad“ weist den Weg zu den Betrieben und beschreibt ihr Angebot. „Hier haben sich engagierte Bauern und Winzer zusammengeschlossen und sich der Produktvielfalt der Region angenommen“, präzisiert Barbara Wünsch-Schirmer, Sprecherin der Interessengemeinschaft.

Seit über 12 Jahren gibt es einen gemeinsamen Veranstaltungskalender unter dem Motto „Die Woche teilen mit Freunden – immer wieder mittwochs ...“ Gemeinsam ist den in diesem Kalender aufgeführten Veranstaltungen, dass sie immer an einem Mittwoch stattfinden. Damit zielt das Angebot auch auf die Einheimischen, die den Alltag zur Wochenmitte unterbrechen und mit Freunden oder Bekannten, die oft am Wochenende keine Zeit haben, erlebnisreiche Stunden verbringen möchten. Die Veranstaltungen heißen beispielsweise „Kochen wie die Römer“, „Heißer Käse für kalte Winterabende“, „Orgien und Getreidebrei“, „Frauen und Wein“, „Wir spannen an, damit Sie ausspannen können“, „Spargeltraum und Erdbeerwonne“, „Der Schatz der Käserin“, „Ich schau Dir in den Kochtopf, Kleines“ oder „Wild und Wein“. Es gehe darum, den Kunden und Gästen etwas Besonderes zu bieten, meint Projektleiterin Martina Engelmann-Hermen, und sie fügt hinzu: „Was würde sich besser als Kulisse dafür eignen als die einmalige jahrtausendealte Kulturlandschaft unserer Mosel-Region.“

Erika und Karl-Heinz Janshen, Ellscheid

Erika und Karl-Heinz Janshen halten Enten, Puten und verschiedene Hühnerrassen. In ihrem modernen, hellen Hofladen und in ihrem Geflügellädchen in Daun verkaufen sie Eier und Nudeln, Hühner, Enten und Erzeugnisse von befreundeten Bauern. Außerdem trifft man sie an auf den Wochenmärkten in Wittlich, Daun, Cochem, Gerolstein und Ulmen. Im Landgasthof werden regionale Gerichte angeboten, außerdem gibt es selbstgebackene Kuchen. Bei schönem Wetter ist es besonders die Terrasse, die die Kinder anzieht, denn von dort haben sie die Tiere der Freigehege im Blick: Enten, Puten, Hühner, Kaninchen, Ziegen, Ponys. Der Hof, der auch Schulklassen willkommen heißt, liegt an der Erlebnisschleife „Rund ums Pulvermaar“ des Maare-Mosel-Radweges.

DER BAUERNHOFLADEN, LEINENHOF-AUSSIEDLUNG

Seit 1976 verarbeitet die Familie Leinen Fleisch ihrer eigenen Bullen und Schweine zu Fleisch- und Wurstwaren. Die Tiere werden artgerecht gehalten, ausschließlich mit hofeigenem Futter gefüttert und stressfrei geschlachtet. Der Betrieb trägt das Zeichen „Einkaufen auf dem Bauernhof“. Im Jahr 1989 wurden die Kühl- und Verarbeitungsräume erweitert. Seit 1993 gibt es einen neuen Hofladen, in dem auch Erzeugnisse befreundeter Landwirte angeboten

werden: Frischwurst, Filets, Salami, Rohesser, Bratwurst, Wurst in Gläsern und Dosen, Senf, Öl, Edelbrände, Apfelsaft, Brot, Käse, Honig, Konfitüren, Senf, Kartoffeln, Eier und Nudeln ...

Klickerterhof, Treis-Karden

Ruhig und beschaulich, fernab vom Durchgangsverkehr, liegt der Klickerterhof. Er wurde 1567 erstmals urkundlich erwähnt. Für Familien mit Kindern, Gruppen und Frischvermählte werden Übernachtungen im Heu angeboten. Urlauber schätzen die Ferienwohnung mit Balkon und herrlichem Ausblick. Für Hochzeiten und andere Feste können der „alte Kuhstall", der Innenhof sowie der Grillplatz gemietet werden. Der Grillplatz befindet sich unter alten, schattigen Bäumen und bietet einen außergewöhnlichen Blick ins 200 Meter tiefer gelegene Mosel-Tal mit seinem Fluss, der sich seinen Weg zwischen rebenbewachsenen Steilhängen und bewaldeten Bergkuppen bahnt.

Museumsmühle Molitorsmühle, Schweich

Dicke, solide Mauern kennzeichnen die 1824 erbaute Molitorsmühle, die bis zur Mühlenstilllegung im Jahr 1972 in Betrieb war. Seit 1994 ist sie als Kulturdenkmal geschützt und seit 1997 wird sie als Museum genutzt. Auf vier Etagen kann vollständig erhaltene, historische Mühlentechnik aus dem 19. und 20. Jahrhundert bestaunt werden. Die sechs Geschwister Branz zeigen in der funktionsbereiten Mühle alte, lebendige Mühlentradition. Zu diesem Zweck wird jedes Jahr am zweiten Sonntag nach Pfingsten das Mühlenhof-Fest gefeiert. Der frühere Kuhstall bietet ganzjährig Platz für Familien- und andere Feste mit bis zu 50 Personen. Bei schönem Wetter lockt der romantische Innenhof. Besonders spannend ist es für Kinder, den Weg vom Korn zum Schrot, zum Grieß oder zum Mehl zu verfolgen, beispielsweise bei Kindergeburtstagen, die in der Mühle unter dem Motto „Vom Korn zum Brot" gefeiert werden können. Die für Erwachsene konzipierte Veranstaltung „Vino e Pane" verbindet die biblischen Klassiker Brot und Wein.

Weingut-Weinstube-Weingarten Schenk-Oster, Waldrach

Barbara Wünsch-Schirmer ist Sprecherin der Interessengemeinschaft „Erleben und Genießen Mosel-Eifel-Hunsrück“. Die Diplom-Getränketechnologin leitet das Weingut ihrer Familie in Waldrach, einem Ort im beschaulichen Ruwer-Tal. Sie bietet Weinproben und -seminare an und wer in ihren Doppelzimmern übernachtet, kann das Angebot „Wandern ohne Gepäck“ nutzen. In ihrer Weinstube waren schon Gustav Heinemann, Helmut Kohl, Willi Brandt, Otto Hahn und andere Persönlichkeiten zu Gast. Sitzt man auf den alten Holzbänken der geschichtsträchtigen Weinstube, kann man sich gut vorstellen, dass prominente und weniger prominente Gäste hier noch immer gerne einem Gläschen Ruwer-Riesling zugesprochen haben.

Knospenhof, Herl

Die robusten Jersey-Kühe, mit ihren großen dunklen Augen und dem beige-rehbraunen Fell, sind unangefochten die Schönheitsköniginnen unter ihren Artgenossinnen. Ihre Milch ist reichhaltiger als die anderer Kuhrassen. Die biologisch-dynamisch erzeugte Milch der Jersey-Kühe wird seit 1989 in dem Demeter-Betrieb Knospenhof zu Käse verarbeitet: Bauernkäse, Hochwälder, Kräuter-Mozzarella; die Trestertorte wird mit Tresterbrand geschmiert, die Weintorte mit Rotwein. Der kleine, feine Hofladen im Hunsrückdorf bietet auch zugekauftes ökologisch erzeugtes Obst und Gemüse an, Fleisch- und Wurstwaren, Brot und Backwaren, Mehl- und Mühlenerzeugnisse, Schokoladen, Kekse ...

Freitags werden die Erzeugnisse auf dem Wochenmarkt in Trier angeboten. Der Käse des Knospenhofes wurde übrigens vom Gourmetmagazin „Der Feinschmecker“ empfohlen.

Hotel Zur Post, Kell am See

Im Jahr 1867 eröffneten die Vorfahren von Michael Krämer einen Gasthof und unterhielten zugleich die Poststelle von Kell. Später bezogen Sommerfrischler das Hotel und im dazugehörigen Stall konnten Bauern, die den Sechs-Uhr-Zug nach Trier nahmen, ihre Pferde unterstellen. Michael Krämer hat während seiner Ausbildung zum Küchenmeister in Restaurants mit klangvollen Namen gearbeitet. Heute bringt der „Hochwälder Koch mit Leib und Seele" seinen Gästen seine Heimat auch gerne bei geführten Radtouren näher. Wenn er nicht mit seinem Mountainbike unterwegs ist, steht er mit beiden Beinen fest auf der Hunsrück-Erde und kocht in seiner Live-Küche mit frischen Erzeugnissen aus der Region. Sein Party-Service kann bis zu 400 Personen mit den Köstlichkeiten des Hunsrücks verwöhnen. Auch römische Gerichte und römisches „Finger-Food" bietet er seinen Gästen an.

Eichhof, Reinsfeld

Der Eichhof von Beate und Hans-Peter Reichert liegt zwischen Wiesen, Weiden und Feldern. Zum Hof gehört eine Limousin-Mutterkuhherde, die allerdings auf etwas entfernter liegenden Wiesen weidet. Außerdem gibt es einen Hofladen mit Fleisch- und Wurstwaren aus eigener Schlachtung, Eichhofschinken, Brat- und Grillspezialitäten, Rohesser, Hausmacher Wurstwaren. Für Familienfeiern werden warme Fleischgerichte auch außer Haus geliefert.

Das Bärenhaus, Mülheim

Monika Becker-Esseln führt ihre Gäste in restaurierten historischen Kutschen aus dem vorletzten Jahrhundert, die von speziell ausgebildeten Pferden gezogen werden, durchs Mosel-Tal. Auch ein Picknick mit silbernen Kandelabern kann gebucht werden. Die Hausherrin liebt Antikmöbel, Lüster und Stuck. Diese Dekors machen den Charme des 1891 erbauten Moselschieferhauses aus. Die Gäste können ein Buffet-Sektfrühstück buchen und wohnen in den (nach DTV) mit vier Sternen ausgezeichneten, individuell eingerichteten Zimmern: „Die Scheune“, „Riesling“, „Bonaparte“, dem „Rosenzimmer“ oder dem „Bärenhaus“. Ein jährlich stattfindendes Treffen mit historischen Kutschen und die Möglichkeit, das eigene Pferd in der 150 Meter vom Bärenhaus entfernten Station unterzubringen, gehören zum Angebot. Das Motto ihres Hauses beschreibt Monika Becker-Esseln mit: „Schöne (T)Räume – himmlisch wohnen“.

Bornwiesenhof, Wilzenberg-Hussweiler

Zwischen Birkenfeld und Idar-Oberstein liegt der Demeter-Bauernhof der Familie Jaschok. Die 40 rotbunten Kühe, untergebracht im selbstgebauten Stall aus Holz, werden von Landwirtschaftsmeister Andreas Jaschok und einigen Auszubildenden versorgt. „Unsere Kühe geben besonders hochwertige Milch, die in der hofeigenen Käserei sorgfältig weiterverarbeitet wird“, sagt Meike Jaschok zu den vom Magazin „Der Feinschmecker“ empfohlenen hauseigenen Produkten. Von den Bornwieser Käsefinessen wurde im September 2006 der „Flammkäs Cäsar“ mit gleich drei Preisen bei der Käseprüfung des „Verbandes für handwerkliche Milchverarbeitung“ ausgezeichnet. Bio-Bäuerin Meike Jaschok liegt der Kontakt zu Kunden, Naturkosthändlern und Gastronomen besonders am Herzen. Der Hof, der über einen eigenen Laden verfügt, ist „Demonstrationsbetrieb Ökologischer Landbau“ und bietet Führungen und Veranstaltungen an.

Weinmuseum Schlagkamp-Desoye, Senheim

Anhand von 10.000 Exponaten zeigt Andreas Schlagkamp in seinem Weinmuseum die spannende Geschichte des Weines. Zusammengetragen wurden die Ausstellungsstücke zumeist von seinem Vater, Weinerlebnisbegleiter Dieter Schlagkamp, der begeistert von der Geschichte des Weingutes berichtet, das seit 1602 in Familienbesitz ist. Zum Gut gehört ein großer Festsaal, weil einst eine der Töchter einen Grafen, von einer der Burgen rund um Cochem, heiratete. Es musste also standesgemäß zugehen. Später wurde dieser große Saal als Theatersaal und Kino genutzt. Als die Fernseher in die Wohnstuben

einzogen, war der Saal für Neues bereit und Dieter Schlagkamp hatte Platz für seine leidenschaftlich gesammelten Weinbauutensilien. Die Geschichte des Weinbaus vermittelt ebenfalls der Weinberg „VinArena". Das Weingut bietet überwiegend Riesling an; Ferienwohnungen und Zimmer können vermittelt werden.

Vulkanhof, Gillenfeld

Am Krater des Pulvermaares liegt der Vulkanhof, auf dem Weiße Deutsche Edelziegen gehalten werden. In der blitzsauberen Käserei wird in sorgfältigen Arbeitsschritten aus Ziegenmilch und Lab Käse. Dieser in traditioneller Handarbeit erzeugte Rohmilchkäse hat seinen Weg in renommierte Häuser gefunden, u. a. in mehrere Sterne-Restaurants sowie in das legendäre Berliner KaDeWe. Die verschiedenen Sorten, die auch im eigenen Hofladen verkauft werden, heißen „Eifelfrische", „Eifelmilde" und „Eifelwürze". Der Käse wird von der Zeitschrift „Feinschmecker" empfohlen. Auf Anmeldung kann man an Führungen mit Käseprobe teilnehmen, die von Anfang April bis Ende Oktober für Gruppen ab 15 Personen organisiert werden.

Bauernhofcafé Morgenfelder Hof, Eckfeld

In Eifeldorf Eckfeld lebt Familie Borsch, deren Stolz ihre 160 Tiere umfassende Kuh- und Rinderherde ist. Im hundert Jahre alten Wohnhaus wurde ein Bauernhofcafé eingerichtet, in dem täglich hausgebackene Kuchen und leckere Spezialitäten der Region serviert werden. Die 4-Sterne-Ferienwohnung sowie die Gästezimmer liegen ideal im Wanderparadies „Vulkaneifel“. Kinder finden das Maislabyrinth, das im Sommer am Mosel-Maare-Radweg angelegt wird, natürlich besonders spannend.

Hofgut Serrig

Wer im Hofgut Serrig einkauft, hat die Qual der Wahl: Obst und Gemüse, Eier, Fleisch von Schweinen, Limousin-Rindern und Schafen, Martinsgänse, Hähnchen und Puten, Nudeln, Säfte, Brände, Töpferwaren, Webereiprodukte, Korbflechtwaren. Das gesamte Sortiment wird angeboten im Hofladen, dem ein gemütliches Bistro angeschlossen ist, sowie auf den Wochenmärkten in Trier, Konz und Nennig. Besucher, die die Ställe und Obstanlagen besichtigen wollen, sind willkommen. An Sonntagen kann man sich mit einer historischen Feldbahn durchs Gelände fahren lassen. In der Saison lockt des Weiteren ein uriger Biergarten. „Die transparente Erzeugung schafft Vertrauen in die Genussgüter“, argumentiert Hofgut-Leiter Dr. Michael Köbler, der den Betrieb als eine Kombination von Ausflugsziel und Einkaufsstätte sieht. Im Betrieb arbeiten 160 Menschen mit geistiger Behinderung, deren Rolle Dr. Michael Köbler wie folgt sieht: „Unsere Mitarbeiter definieren sich genauso wie Menschen ohne Behinderung, und dies zu einem großen Teil über ihre Arbeit. Unsere Aufgabe ist es, die Arbeit so aufzugliedern, dass sie den Menschen hier Freude bereitet. Autisten haben beispielsweise oft einen

besonderen Zugang zu Tieren, andere Behinderte fühlen sich besonders wohl bei der Arbeit in der Weberei oder in den Streuobstwiesen.“

Feriengut Bohn, Bernkastel-Andel

Der von der Deutschen Landwirtschaftsgesellschaft (DLG) ausgezeichnete Winzerhof bietet Weine und Weinproben an. Darüber hinaus gibt es klassifizierte Gästezimmer und geräumige Ferienwohnungen. Adrie Bohn stammt aus den Niederlanden und wollte eigentlich nur ihren Urlaub an der Mosel verbringen. Doch der Charme der Region verführte sie dazu, definitiv sesshaft zu werden. Jetzt zeigt Adrie Bohn ihren Gästen gerne die bezaubernde Umgebung. An den Wochenenden und nach Vereinbarung werden im Winzercafé mit Straußwirtschaft Kuchen, Wein und wechselnde Gerichte kredenzt. Bei schönem Wetter ist die Gartenwirtschaft geöffnet. Das Weingut befindet sich in direkter Nähe des Radweges Trier-Koblenz und des Maare-Mosel-Radweges. Planwagenfahrten, Pauschalangebote und Gartenführungen ergänzen das Angebot.

Hunolsteiner Hof, Morbach

Familie Binz bietet in ihrem Hofcafé selbstgebackenen Kuchen und kleine herzhafte Gerichte an. Die Zutaten hierfür stammen aus dem eigenen Betrieb oder von befreundeten Landwirten und Winzern. Angeboten werden beispielsweise Hausmacher Wurst, selbstgemachte Fruchtaufstriche aus Obst von heimischen Streuobstwiesen und Geschenke aus Holz, Eisen, Stoff und Garn. Die Wände des Cafés werden für wechselnde Ausstellungen genutzt. Mittelpunkt der Aktivitäten ist der Bauernhof mit 50 Jersey- und Limousin-Rindern. Zum Betrieb gehören 50 Hektar Wiesen und Weiden. Das traditionsreiche Anwesen, das mitten in der herrlichen Hunsrück-Szenerie liegt, gehörte einst dem Grafen von Hunolstein.

Wein- und Obstgut Norbert Briesch, Bekond

Delbarestivale, Braeburn, Fuji, Rubinette und Gala heißen die Apfelsorten, die in den Obstanlagen der Familie Briesch in Bekond wachsen. Sie werden im Hofladen in Bekond, das in einem Seitental der Mosel liegt, angeboten. Dort gibt es auch selbstgebrannte Edelbrände, Liköre und Weine nebst Apfelsaft, Traubensaft, Wein- und Apfelessig, Apfelchips und Weingelee. Was Familie Briesch nicht selbst erzeugt, kauft sie bei Landwirten in der Region zu: Eier aus Freilandhaltung, Honig und Kartoffeln. Im Herbst werden Kürbisse, teils von riesigen Ausmaßen, verkauft.

Gutsbrennerei Vallendar, Wincheringen

Seit fünf Generationen brennen die Vallendars in Bilzingen Schnaps. Bis vor einigen Jahren war der Betrieb ein landwirtschaftlicher Gemischtbetrieb mit Viehhaltung. Andreas Vallendar hat 2003 sein Studium der Getränketechnologie in Geisenheim abgeschlossen und anschließend in seiner Schau-Brennerei eine der modernsten Brennanlagen Europas installiert. Kupferne Brennkessel lenken den Blick von computergesteuerter High-Tech-Apparatur ab. Erzeugt werden alkoholische Tropfen aus Williams-Christ-Birne, Haselnussgeist, Waldhimbeergeist, Apfel-Johannisbeer-Cuvée, Apfel-Quitten-Cuvée ...
Der „Schwarze Johannisbeer-Brand" wurde auf der „Destillata 2006" in Wien Sortensieger. Die Gutsbrennerei liegt an der „Via Caliga", einem Wanderweg von Palzem bis Wincheringen, der zum Teil auf der Trasse der alten Römerstraße verläuft.

Weingut Frieden-Berg, Nittel

Nittel ist mit rund 300 Hektar Rebfläche eine der größten Weinbaugemeinden an der Mosel. Auf den 7 Hektar des dortigen Weingutes Frieden-Berg wächst überwiegend Elbling, außerdem werden Rivaner, Grauburgunder, Auxerrois und Spätburgunder angebaut. Der 2005er Elbling Trocken aus dem Nitteler Leiterchen wurde Sieger im Wettbewerb „Der beste Schoppen". Zu seiner Spezialität, dem Elbling, befragt, präzisiert Horst Frieden, dass es sich dabei um die „älteste deutsche Weißweinrebe" handelt, die auf den muschelkalkhaltigen Böden der südlichen Mosel ihren besonderen Charakter erhält. Das seit vielen Generationen bestehende Weingut war wie viele andere in der Region früher ein Gemischtbetrieb mit Kühen, Schweinen und Pferden. Wo einst der Kuhstall war, lädt heute eine Gutsschänke ein. Dort werden kleine Gerichte und Menüs aus Zutaten der Region angeboten, die Karte wechselt im Laufe der Saison. In dem alten Steinbackofen werden z. B. Flammkuchen gebacken. Für Gruppen ab 20 Personen werden auf Vorbestellung auch Gerichte nach römischer Art zubereitet. Die Ferienwohnungen sind mit vier Sternen klassifiziert.

Weingut Johannishof, Langsur-Mesenich

Birgit Ries bewirtschaftet gemeinsam mit ihren Eltern ein 5-Hektar Elbling- und Riesling-Weingut in Langsur-Mesenich an der Sauer, jenem idyllischen Fluss, der hier die Grenze zu Luxemburg markiert. Zum Weingut gehört ein Wein-Café, in dem feine und herzhafte Speisen mit Zutaten aus der Region angeboten werden. Gruppen bis zu 40 Personen können nach Voranmeldung aus besonderen Speisen und Menüs auswählen. Die Gäste können sich dabei auch für typisch römische Menüs entscheiden, die folgende Gerichte enthalten: Linsencremesuppe mit Räucheraal und Fladenbrot, marinierte Honigmelone, Schweinebraten mit Zucchinigemüse und Rosmarinbrot, Wildschweinragout mit Bohnen und Weinbrötchen. Zum Weingut gehört ein Gästehaus mit vier Doppelzimmern. Jedes Jahr, an einem Wochenende im August, wird das traditionelle Hoffest gefeiert.

Landidyll-Hotel & Weingut Brauneberger Hof, Brauneberg

Das Weingut gegenüber dem Hotel ist seit 1585 im Besitz der Familie Conrad und wird heute von Riesling-Spezialist Martin Conrad geleitet. Bis ihre Kinder zum Studieren das Haus verließen, war Hilde Conrad vor allem Winzersfrau. Dann eröffnete sie im neu erstandenen Haus gegenüber ein Hotel garni. Sie stellte schnell fest, dass es gut wäre, den Übernachtungsgästen neben dem Frühstück die passenden Speisen zum Riesling des Weingutes anzubieten. Ein dynamischer Koch wurde engagiert und Hauswirtschaftsmeisterin Hilde Conrad legte ihre Prüfung als Restaurantfachfrau ab. Hilde Conrad kocht seit vielen Jahren römisch. Die Veranstaltungen in ihrem Haus heißen beispielsweise „Culinaria Romana – Schlemmen wie bei Lucullus", „Die Römer und der Weinbau an der Mosel" oder „Römisches Kräuterfest mit Maiga".

Restaurant Wein im Turm, Longuich

In den Weinbergen von Winzermeister Joachim Schmitt wächst Riesling, daneben auch Rivaner, Weißburgunder, Spätburgunder, Dornfelder und Regent. Im Restaurant bietet Familie Schmitt diese Weine zu Wildgerichten aus eigener Jagd an. Es gibt je nach Jahreszeit wechselnde Gerichte und seit einiger Zeit auch Römisches. Zusätzlich gibt es fünf Gästezimmer. Restaurant und Weingut liegen nur 200 Meter vom Moselradweg entfernt. Hoffeste, Winzerbrunch und andere Veranstaltungen rund um Wein, Essen und Kultur runden das abwechslungsreiche Angebot ab.

Landgasthof Hotel Simon, Waldrach

Gertrud Simon ist die temperamentvolle, treibende Kraft im Hotel und im Weingut der Familie Simon in Waldrach im Ruwertal. Im Restaurant gibt es gutbürgerliche Speisen rund um den Ruwer-Wein sowie Candle-Light-Dinner und Feierlichkeiten nach den Wünschen der Gäste. Gekocht wird mit frischen Terroir-Produkten. Neben den fünf individuell eingerichteten Übernachtungszimmern gibt es ein Gästehaus mit Wellness- und Spa-Bereich, Sauna, Solarium, Ruheraum, Whirl-Pool und Schneckendusche. Auf Wunsch können spezielle Kosmetikbehandlungen mit Vinotherapie-Produkten der renommierten französischen Firma Claudalie genutzt werden.

Frohnerthof, Oberkail

Zwischen Oberkail und Eisenschmitt weiden die zahmen Wasserbüffel von Helmut Otten. Die Wasserbüffel gehören zur Unterfamilie der Rinder. Weltweit gibt es rund 150 Millionen Tiere dieser Rasse; in Deutschland zählt man deren 750. Vor rund 4000 Jahren wurden die ersten Exemplare domestiziert, erstmals vermutlich in China und kurz darauf in Mesopotamien. In

Europa werden Wasserbüffel erst seit jüngerer Zeit landwirtschaftlich genutzt, vorwiegend in Italien, Rumänien und Bulgarien. Italienischer Mozzarella wird mit Büffelmilch erzeugt und schmeckt intensiver als die aus Kuhmilch hergestellte Variante. Helmut Otten melkt seine Wasserbüffel nicht, sondern praktiziert Mutterkuhhaltung – die Kälber trinken die von den Kühen erzeugte Milch.

Wenn Bacchus auf Lukullus trifft ...

Die Auswahl der mit den römischen Rezepten am besten harmonierenden Weine erwies sich für die neunköpfige Jury als spannende Herausforderung

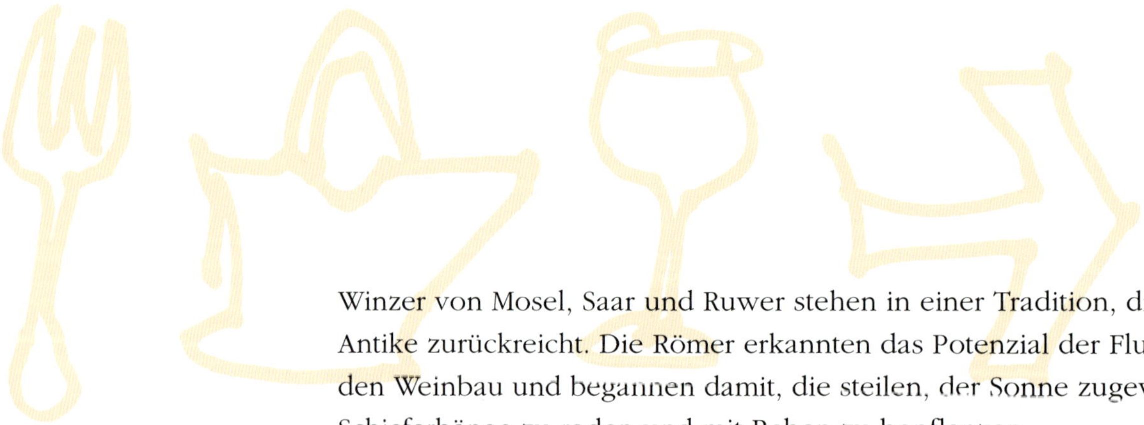

Winzer von Mosel, Saar und Ruwer stehen in einer Tradition, die bis in die Antike zurückreicht. Die Römer erkannten das Potenzial der Flusstäler für den Weinbau und begannen damit, die steilen, der Sonne zugewandten Schieferhänge zu roden und mit Reben zu bepflanzen.

Fast 2000 Jahre später sind die Hänge von Mosel, Saar und Ruwer immer noch mit Reben bestockt. Nach Jahren des Rebflächenrückgangs wendet sich eine junge, dynamische Winzergeneration wieder zunehmend dem Steillagenweinbau zu, um einzigartige, vom Boden und Klima der Region geprägte Spitzenweine zu erzeugen. Zu den renommierten Weingütern, die seit mehr als 100 Jahren den Steillagen-Riesling von Mosel, Saar und Ruwer zu einem weltweit begehrten Produkt gemacht haben, gesellen sich ständig noch kaum bekannte junge Winzerinnen und Winzer, die mit hervorragender Qualität auf sich aufmerksam machen und zu der Renaissance des Rieslings von Mosel, Saar und Ruwer beigetragen haben. In jedem Weinbauort im Moselland finden sich neue Entdeckungen. Neben dem vorherrschenden Riesling bieten auch Weine der Rebsorten Elbling, Auxerrois, Weißer und Grauer Burgunder sowie Blauer Spätburgunder viel Genuss.

Als eine interessante Entdeckungsreise entpuppte sich auch der Weinwettbewerb, der im Rahmen dieses Buchprojektes vom Mosel-Saar-Ruwer Wein e. V. veranstaltet wurde. Winzer von der deutschen und luxemburgischen Mosel sowie von Saar und Ruwer hatten 160 Weine verschiedener Rebsorten – von Elbling über Auxerrois, Weißer und Grauer Burgunder bis zu Blauem Spätburgunder und Riesling – zur Verkostung eingereicht. Die neun Juroren

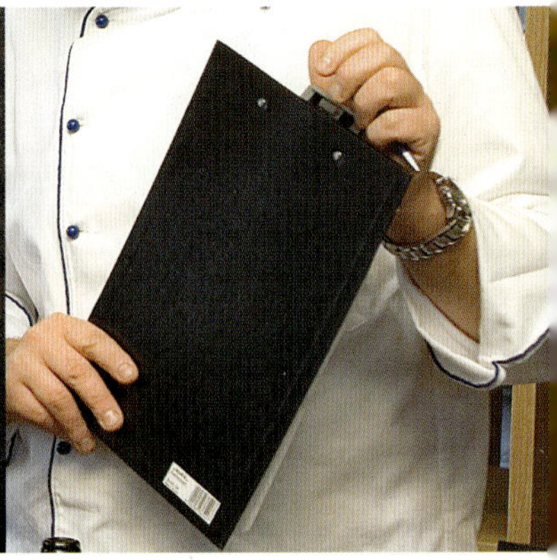

aus Weinbau und Gastronomie erlebten so manche Überraschung, als nach der verdeckten Probe am 7. November 2006 im Wein- & Tafelhaus in Trittenheim die Manschetten gelüftet wurden.

„Ein breites Angebot hervorragender Weine von trocken bis edelsüß und eine Reihe bekannter Namen sowie spannender, neuer Betriebe“, lautete das Fazit von Weinbau-Ingenieur Karl Kirch, stellvertretender Vorsitzender des Mosel-Saar-Ruwer Wein e. V. Auch Küchenmeister Michael Krämer, Inhaber des Hotels zur Post in Kell am See, kam zu einem ähnlichen Schluss: „Die Blindprobe hat einige spannende Neuentdeckungen gebracht.“ Sterne-Koch Alexander Oos vom Wein- & Tafelhaus in Trittenheim freute sich, dass Weine von sehr unterschiedlichen Betrieben ausgewählt wurden. Oliver Bell, Chefkoch des Schlosshotels Petry aus Treis-Karden, der die Seminare „Antike schmecken“ für die Mosellandtouristik gestaltet hat, bewertete es als besonders spannend, auch Elbling, Auxerrois und Burgunderweine von der deutschen und luxemburgischen Mosel verkosten zu können. Marc Weyer, Präsident des Luxemburger Winzerverbandes und Präsident der lokalen Aktionsgruppe LEADER+ Miselerland, bot die Probe dagegen einen guten Einblick in die Weingüter am deutschen Moselufer sowie an Saar und Ruwer.

Sehen, riechen, schmecken: Die Juroren bewerteten, in Gruppen eingeteilt, die nach Rebsorten und Geschmack sortierten Weine auf ihre Qualität. So wurde im Laufe eines Tages eine Auswahl an weißen und roten Gewächsen ermittelt, die dank ihrer Qualität und ihres Charakters als geeignete Begleiter für die in diesem Buch vorgestellten Rezepte dienen können. Der überwiegende Teil der Weine ist trocken und feinherb ausgebaut, doch passen auch gerade etwas süßere Weine sehr gut zu vielen intensiv gewürzten Speisen. Interessant sind auch die Weine älterer Jahrgänge, die dank ihrer Reife mit vielen Gerichten harmonieren.

Zu jedem Rezept einen bestimmten Wein zu empfehlen – dieses ehrgeizige Ziel hatte sich die Jury gesteckt. Doch die Verkostung zeigte schnell, dass es eine Vielzahl interessanter Kombinationsmöglichkeiten der modernen Weine zu den antik inspirierten Speisen gibt. Daher beschränkte sich die Jury darauf, eine Liste mit 90 Weinempfehlungen aus deutschen und luxemburgischen Weingütern zusammenzustellen, aus der jeder Leser sich die Weine heraussuchen kann, die ihn besonders interessieren. Als Orientierung gibt es zu den Rezepten eine allgemeine Empfehlung von Rebsorte und Geschmacksrichtung.

„Entdecken und Genießen" lautet daher auch für den Leser dieses Buches die Devise. Viel Spaß!

Ansgar Schmitz, Moselwein e. V.

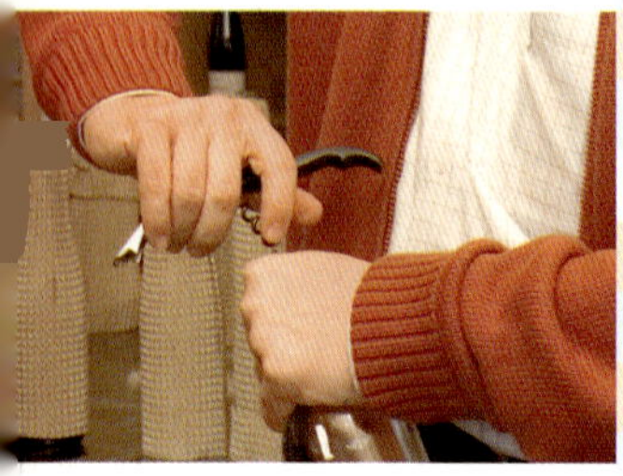

Rebsorte	Qualitätsstufe	Geschmacksrichtung	Lage/Name
Auxerrois	Grand Premier Cru		Vin de Paille
Auxerrois	Grand Premier Cru		Remich Hopertsbour
Elbling	QbA	trocken	
Elbling	QbA	trocken	Nitteler Leiterchen
Elbling	QbA	trocken	
Elbling	QbA	trocken	Nitteler Rochusfels
Elbling	QbA	trocken	
Elbling	QbA		
Elbling	Classic		
Elbling	Classic		
Weißburgunder	QbA	trocken	
Weißburgunder	QbA	trocken	
Weißburgunder	QbA	trocken	
Weißburgunder	QbA	trocken	Oberbilliger Hirtengarten
Weißburgunder	QbA	trocken	
Weißburgunder	QbA		
Weißburgunder	QbA		
Weißburgunder	QbA		
Pinot blanc	AOC		Château de Schengen
Pinot blanc	Grand Premier Cru		Grevenmacher Fels
Grauburgunder	QbA	trocken	Nitteler Rochusfels
Grauburgunder	QbA	trocken	Nitteler Leiterchen
Grauburgunder	QbA		
Pinot gris	AOC		Ahn Goellebour
Pinot gris	Grand Premier Cru		De Nos Rochers
Pinot gris	Grand Premier Cru		Wormeldange Wousselt
Pinot gris	Grand Premier Cru		Vendange Tardive
Riesling	QbA	trocken	Alte Reben
Riesling	QbA	trocken	Mons Cabracense

utorin Annette Köwerich (Dritte von links) mit der Wein-Jury (von links): Dirk Wollersheim
Moselwein e.V.), Michael Kramer (Hotel Zur Post, Kell am See), Alexander Oos (Wein&Tafelhaus,
rittenheim), Holger Kranz (Sommelier, Weingut Markus Molitor), Karl Kirch (Moselwein e.V.),
udith Bell-Schwarz, Oliver Bell (Schlosshotel Petry, Treis-Karden), Ansgar Schmitz (Moselwein
.V.), Marc Weyer (LEADER+ Miselerland).

Weingut	*Ort*	*Internet oder E-Mail*
Laurent und Rita Kox	Remich (L)	www.domainekox.lu
Les Domaines de Vinsmoselle	Stadtbredimus (L)	www.vinsmoselle.lu
Biewers	Tawern-Fellerich	www.weingut-biewers.de
Frieden-Berg	Nittel	www.frieden-berg.de
Margarethenhof	Ayl	www.margarethenhof-ayl.de
Matthias Dostert	Nittel	www.gaestehaus-dostert.de
Matthias Hild	Wincheringen	Hild.Wein@t-online.de
Stephan Steinmetz	Wehr	www.leckerweintrinken.de
Biewers	Tawern-Fellerich	www.weingut-biewers.de
Peter Scheuer	Oberbillig	
Henrichs und Friderichs	Nehren	www.wein-mosel-wein.de
Klaus Lotz	Erden	www.weingut-lotz.de
Matthias Hild	Wincheringen	Hild.Wein@t-online.de
Peter Scheuer	Oberbillig	
Thomas und Angela Quint	Wintrich	www.weingut-quint.de
Biewers	Tawern-Fellerich	www.weingut-biewers.de
Schmitt-Kranz	Riol	www.schmitt-kranz.de
Stephan Steinmetz	Wehr	www.leckerweintrinken.de
Thill Frères	Grevenmacher (L)	www.bernard-massard.com
Clos des Rochers	Grevenmacher (L)	www.bernard-massard.com
Frieden-Berg	Nittel	www.frieden-berg.de
Matthias Dostert	Nittel	www.gaestehaus-dostert.de
Stephan Steinmetz	Wehr	www.leckerweintrinken.de
Schmit-Fohl	Ahn (L)	hsf@pt.lu
Domaine St. Martin	Remich (L)	info@gales.lu
Mathes	Wormeldange (L)	www.mathes.lu
Schumacher-Knepper	Wintrange (L)	www.schumacher-knepper.lu
Aribert Kochan	Lieser	www.weingut-kochan.de
Geschwister Köwerich	Köwerich	www.weingut-geschwister-koewerich.de

Rebsorte	Qualitätsstufe	Geschmacksrichtung	Lage/Name
Riesling	QbA	trocken	Vom grauen Schiefer
Riesling	QbA	trocken	Alte Reben Mosel
Riesling	QbA	trocken	Maring-Noviander Honigberg Titan
Riesling	Hochgewächs	trocken	Mosel-Saar-Ruwer
Riesling	Hochgewächs	trocken	Mosel-Saar-Ruwer
Riesling	Hochgewächs	trocken	Avelsbacher Hammerstein
Riesling	Kabinett	trocken	Brauneberger Juffer
Riesling	Kabinett	trocken	Kaseler Nies'chen
Riesling	Spätlese	trocken	Trittenheimer Apotheke
Riesling	Spätlese	trocken	Thörnicher Ritsch „Domis“
Riesling	Spätlese	trocken	Filzener Steinberger Riesling S
Riesling	Spätlese	trocken	Ürziger Würzgarten Von Alten Rebe
Riesling	Spätlese	trocken	Kinheimer Rosenberg
Riesling	Spätlese	trocken	Müdener Funkenberg
Riesling	Selection		
Riesling	Auslese	trocken	Pündericher Marienburg
Riesling	Auslese	trocken	Trittenheimer Apotheke „Devon-Terrassen“
Riesling	Grand Premier Cru		Grevenmacher Fels
Riesling	Grand Premier Cru		Wintrange Felsberg
Riesling	Grand Premier Cru		De Nos Rochers
Riesling	Classic		
Riesling	Classic		
Riesling	Classic		
Riesling	Classic		
Riesling	Classic		
Riesling	Classic		
Riesling	QbA	halbtrocken	Vom grauen Schiefer
Riesling	QbA	feinherb	Ayler Kupp „Schieferstein“

Weingut	Ort	Internet oder E-Mail
Leo Fuchs	Pommern	www.leo-fuchs.de
Markus Molitor	Bernkastel-Wehlen	www.markusmolitor.com
Zur Römerkelter	Maring-Noviand	www.roemerkelter.de
Albert Kallfelz	Zell-Merl	www.kallfelz.de
Römerhof	Riol	www.weingut-roemerhof.de
Staatl. Weinbaudomäne	Trier	www.staatsweingueter.rlp.de
Paulinshof	Kesten	www.paulinshof.homepage.t-online.de
Reichsgraf von Kesselstatt	Morscheid	www.kesselstatt.com
Franz-Josef Eifel	Trittenheim	www.fjeifel.de
Gebrüder Ludwig	Thörnich	www.gebruederludwig.de
Ökonomierat Adolf Schmitt	Konz-Filzen	www.weingut-adolf-schmitt.de
Rebenhof	Ürzig	www.rebenhof.de
Schwaab-Henn	Kinheim	www.weingut-henn-schwaab.de
Sonneneck	Müden	www.weingut-sonneneck.de
Longen-Schlöder	Longuich	www.longen-schloeder.de
Heinrich Busch	Pünderich	www.heinrich-busch.de
Loersch-Eifel	Leiwen	www.weingut-loersch.de
Clos des Rochers	Grevenmacher (L)	www.bernard-massard.com
Schumacher-Knepper	Wintrange (L)	www.schumacher-knepper.lu
St. Martin	Remich (L)	info@gales.lu
Elmar Simonis	Pünderich	www.weingut-simonis.de
Ernst Clüsserath	Trittenheim	www.weingut-ernst-cluesserath.de
Frank u. Elke Meyer	Waldrach	Weingut-Frank-Elke-Meyer@t-online.de
Ökonomierat Adolf Schmitt	Konz-Filzen	www.weingut-adolf-schmitt.de
Thomas u. Angela Quint	Wintrich	www.weingut-quint.de
Werner u. Renate Knaudt	Winningen	www.weingut-knaudt.de
Leo Fuchs	Pommern	www.leo-fuchs.de
Margarethenhof	Ayl	www.margarethenhof-ayl.de

Rebsorte	Qualitätsstufe	Geschmacksrichtung	Lage/Name
Riesling	Kabinett	halbtrocken	Trittenheimer Altärchen Emma Marie
Riesling	Kabinett	feinherb	Kaseler Nies'chen
Riesling	Kabinett	feinherb	Wiltinger Gottesfuß
Riesling	Spätlese	halbtrocken	Merler Königslay-Terrassen
Riesling	Spätlese	halbtrocken	Trabener Würzgarten
Riesling	Spätlese	feinherb	Graacher Himmelreich
Riesling	Spätlese	feinherb	Brauneberger Kammer
Riesling	Spätlese	feinherb	Ürziger Würzgarten
Riesling	QbA		Kiebel Selektion
Riesling	Spätlese		Erdener Treppchen
Riesling	Spätlese		Detzemer Maximiner Klosterlay
Riesling	Spätlese		Ediger Feuerberg
Riesling	Spätlese		Merum Magnum
Riesling	Spätlese		Mehringer Blattenberg
Riesling	Spätlese		Kestener Paulinsberg
Riesling	Spätlese		Piesporter Goldtröpfchen
Riesling	Spätlese		Mehringer Goldkupp
Riesling	Auslese		Kinheimer Rosenberg
Riesling	Auslese		Merler Königslay-Terrassen
Riesling	Auslese		Ürziger Würzgarten Nr. 12
Riesling	Beerenauslese		Erdener Treppchen
Riesling	Eiswein		Erdener Treppchen
Spätburgunder	QbA	trocken	
Spätburgunder	QbA	trocken	Graacher Himmelreich***
Spätburgunder	QbA	trocken	
Pinot noir	AOC		Bech-Kleinmacher Enschberg „Rubis"
Spätburgunder	QbA	trocken	Barrique
Spätburgunder	QbA	trocken	
Spätburgunder	QbA	trocken	

Weingut	*Ort*	*Internet oder E-Mail*
Ernst Clüsserath	Trittenheim	www.weingut-ernst-cluesserath.de
Frank u. Elke Meyer	Waldrach	Weingut-Frank-Elke-Meyer@t-online.de
Reichsgraf von Kesselstatt	Morscheid	www.kesselstatt.com
Albert Kallfelz	Zell-Merl	www.kallfelz.de
Jörg Trossen	Traben-Trarbach	www.trossen-weine.de
Markus Molitor	Bernkastel-Wehlen	www.markusmolitor.com
Paulinshof	Kesten	www.paulinshof.homepage.t-online.de
Rebenhof	Ürzig	www.rebenhof.de
Benedikt Kiebel	Lösnich	www.weingut-kiebel.de
Albert Schwaab	Erden	
Familie Rauen	Thörnich	www.weingut-familie-rauen.de
Henrichs und Friderichs	Nehren	www.wein-mosel-wein.de
Hermann Grumbach	Lieser	www.weingut-grumbach.de
Kanzlerhof	Pölich	www.kanzlerhof.de
Paulinshof	Kesten	www.paulinshof.homepage.t-online.de
Reichsgraf von Kesselstatt	Morscheid	www.kesselstatt.com
Schmitt-Kranz	Riol	www.schmitt-kranz.de
Jochen Reiss	Kinheim	www.reiss-weine.de
Albert Kallfelz	Zell-Merl	www.kallfelz.de
Rebenhof	Ürzig	www.rebenhof.de
Klaus Lotz	Erden	www.weingut-lotz.de
Albert Schwaab	Erden	
Benedikt Kiebel	Lösnich	www.weingut-kiebel.de
Markus Molitor	Bernkastel-Wehlen	www.markusmolitor.com
Heinz Schneider	Leiwen	www.weingut-schneider.de
Caves Krier Fräres	Remich (L)	www.krierfreres.lu
Heinrich Mertes	Waldrach	www.mertes-waldrach.de
Römerhof	Riol	www.weingut-roemerhof.de
Zur Römerkelter	Maring-Noviand	www.roemerkelter.de

Nachwort

Für Eva, Anne, Marie und Nick

Im Herbst 1852 stieß der Landwirt Peter Reuter in Nennig beim Ausheben einer Rübenmiete auf bunte Steine. Damals ging gerade die etwa drei Jahrhunderte dauernde „kleine Eiszeit" zu Ende, während der in der Eifel und im Hunsrück Menschen verhungert waren. In der Erde verborgen lagen Pracht und Luxus – eines der größten und prachtvollsten Mosaike nördlich der Alpen. Es gehörte zu einer palastartigen „Villa suburbana".

Während der Arbeit an diesem Buch fühlte ich mich jenem Landwirt oft schwesterlich verbunden, weil in der Nähe des Bauernhofs meiner Eltern in der Erde ein römisches Gebäude verborgen ist. Es war wohl keine „Villa", sondern ein „sehr einfaches ländliches Wohnhaus", wie die Fachbücher schreiben. Am Hof führt eine „Römerstraße" vorbei oder, besser gesagt, der Hof meiner Eltern liegt an einer einstigen Römerstraße. „Bis heute sind die ursprünglichen Römerstraßen mit Leben erfüllt und verbinden Menschen und Regionen: Moderne Verkehrsknoten entwickeln sich an historischen Straßenkreuzungen, Urlaubsgäste wandern über den Weg des Römers Ausonius, Paddler und Kanuten folgen auf der Mosel den Spuren des antiken Römerweinschiffes ...", sagt Sabine Winkhaus-Robert, die Geschäftsführerin der Mosellandtouristik GmbH. Ihr und ihrem Team, insbesondere Dr. Annekathrin Kordel, Projektleiterin „Straße der Römer", gilt Dank für die freundliche Beantwortung vieler Fragen.

Spannend war es, der Jury des Rezeptwettbewerbs bei ihrer Tätigkeit zuzuschauen, zu sehen, wie viel positive Energie freigesetzt wird, wenn branchen- und grenzüberschreitend zusammengearbeitet wird. Den Einreichern der Rezepte und der Jury gilt mein ganz besonderer Dank: der Gastronomin Hilde Conrad aus Brauneberg, dem luxemburgischen Winzerverbandspräsidenten Marc Weyer, den Küchenmeistern Oliver Bell aus Treis-Karden und Michael Krämer aus Kell am See, dem Archäologen Dr. Martin Thoma. Stets aufmerksam waren die Sprecherin des „Grünen Pfades", Barbara Wünsch-Schirmer, und die Produktentwicklerin Martina Engelmann-Hermen. Der Fotograf Dr. Hans-Georg Eiben fasste die Erzeugnisse und ihre Erzeuger mit wissenschaftlicher Präzision in Bilder. Danny und Alexander Oos samt Team verwandelten die Siegerrezepte des Wettbewerbs in echte, fotogene und köstliche Speisen.

Die Weinwerbung Mosel-Saar-Ruwer hat im Rahmen eines Weinwettbewerbs spannende Weine gesucht und mittels einer Blindprobe die Besten ermittelt. Einige der „Gewinner" durfte ich verkosten: flüssiges Glück. Jury und Winzern gilt Dank! Und natürlich dem freundlichen Geschäftsführer des Mosel-Saar-Ruwer Wein e. V., Ansgar Schmitz.

Überaus spannend waren die Gespräche mit dem emeritierten Trierer Geographen für Kultur- und Regionalgeographie Prof. Dr. Ralph Jätzold von der Universität Trier, mit dem Archäologen Dr. Klaus-Peter Goethert, ebenfalls von der Universität Trier, und mit Dr. Karl-Josef Gilles vom Rheinischen Landesmuseum. Mein besonderer Dank gilt den Winzerinnen und Winzern, mit denen ich spannende Dispute führen durfte. Genannt seien hier die Kunsthistorikerin Alexandra Weis-Diel und ihr Ehemann, der Winzer, Domführer und Weinerlebnisbegleiter Christoph Weis aus Leiwen. Atemberaubend schön waren die Autofahrten zu den hier vorgestellten Betrieben durch die Eifel, über den Hunsrück und entlang der Mosel.

Horaz (Quintus Horatius Flaccus, 65-8 v. Chr.) und die Gespräche über ihn waren für mich das Bewegendste an diesem Buch. Er lebte den schriftlichen Quellen zufolge bescheiden auf seinem Landgut „Sabinum" und pries ein Leben ohne Machtgier, ohne Habsucht, ohne Jagd nach vergänglichen Gütern. Er forderte Zufriedenheit, das Genießen des Augenblicks beim bescheidenen Mahl mit Freunden. Heiter und gelassen gegenüber dem Schicksal solle man sein, so dass man jeden Abend sagen könne: „VIXI - Ich habe gelebt."

In Trier wurden im 3. Jh. n. Chr. Keramikbecher hergestellt. Viele trugen einen Trinkspruch. Möge dieser jedes Exemplar des Buches „Genießen wie die Römer" begleiten: „ACCIPE ET VTERE FELIX – Nimm und benutze es glücklich!"

Annette Köwerich

Annette Köwerich

Jahrgang 1966, aufgewachsen auf dem Bauernhof ihrer Eltern bei Monreal in der Eifel. Ehe ihre Eltern sie in Bayern Landwirtschaft studieren ließen, musste sie eine "Fachschule für ländliche Hauswirtschaft" besuchen, "weil auch eine "studierte Frau" kochen können muss". Als Agraringenieurin arbeitete sie als Referentin für Öffentlichkeitsarbeit beim "Bauern- und Winzerverband Rheinland-Nassau e.V." in Koblenz. Seit 1996 ist sie mit einem Leiwener Jungwinzer und Weinbauingenieur verheiratet und hat mit ihm drei Töchter.

Veröffentlichungen: "Ein kleines Bilder- und Lesebuch von der Mosel" (2003), "Ein kleines Bilder- und Lesebuch von der Mosel II" (2005).

Hans-Georg Eiben

wurde 1958 in Köln geboren. Nach dem Studium der Biologie in Köln und der Promotion in Zürich hat Eiben 1999 sein Hobby zum Beruf gemacht und wurde freier Fotograf. Hans-Georg Eibens Arbeiten waren in den vergangenen Jahren in zahlreichen Ausstellungen und Buchveröffentlichungen zu sehen. Zur Zeit arbeitet er an einer Reportage über die Rekonstruktion des Neumagener Römerweinschiffs.

Alexander Oos

leitet mit seiner Frau Daniela seit 2002 das „Wein- und Tafelhaus“ in Trittenheim an der Mosel. Alexander Oos, dessen renommierte Küche dem Guide Michelin sogar einen Stern wert ist, setzte die Rezepte des vorliegenden Buches meisterhaft in Szene.

Wein- & Tafelhaus Alexander und Daniela Oos, Trittenheim

Moselpromenade 4
D-54349 Trittenheim
Tel. +49 (0) 6507702803
www.wein-tafelhaus.de
wein-tafelhaus@t-online.de

Im Sterne-Restaurant „Wein- und Tafelhaus“ wurden die Gerichte für die in diesem Buch veröffentlichten Fotos zubereitet. Seit Frühjahr 2002 führen Daniela und Alexander Oos das mit einem Michelin-Stern ausgezeichnete Haus am Moselufer. Nachdem sie mehrere Jahre lang im Ausland, unter anderem in Alaska, gewirkt hatten, führten sie ab 1996 selbstständig ein Restaurant in Traben-Trarbach. „Wir lebten früher ein eher unruhiges, nicht sesshaftes Leben,“ sagt Daniela Oos. „Doch als wir zum ersten Mal dieses Haus hier in Trittenheim betraten, dachten wir, jetzt sind wir daheim“. In ihrer Kochschule „Tafelfreuden“ vermitteln sie Genießern, einzeln und in Gruppen, die Grundlagen und Besonderheiten der gehobenen Küche.

Adressen der Rezepte-Köche

Auberge Altringer
Neuerburgstraße 2
D-54675 Sinspelt/Eifel
Tel.: +49 (0) 6522 712
Fax: +49 (0) 6522 301
info@auberge-altringer.de
www.auberge-altringer.de

Restaurant-Bistro Bärchen
Hotel Bären
Schanzstraße
D-54470 Bernkastel-Kues
Tel.: +49 (0) 6531 9504430
Fax: +49 (0) 6531 9504445
kerstins-kraeuterkueche@
web.de

Weinerlebnisbegleiterin
Marlene Bollig
Olkstraße 20
D-54349 Trittenheim
Tel.: +49 (0) 6507 6231
marlenebollig@trittenheim.de
www.weinerlebnisbegleiter.de

Weingut Heinrich Busch
Springiersbacherstraße 33
D-56862 Pünderich
Tel.: +49 (0) 6542 41192
Fax: +49 (0) 6542 21388
ferien-weingut@heinrich-
busch.de
www.heinrich-busch.de

Culinarium
Weingut Matthias Dostert
Weinstraße 5
D-54453 Nittel/Mosel
Tel.: +49 (0) 6584 91450
Fax: +49 (0) 6584 914526
info@weingutdostert.de
www.weingutdostert.de

Dienstleistungszentrum
Ländlicher Raum (DLR) Mosel
Görresstraße 10
D-54470 Bernkastel-Kues
Tel.: +49 (0) 6531 9560
Fax: +49 (0) 6531 956103
dlr-mosel@dlr.rlp.de
www.dlr-mosel.rlp.de

Förderverein
Römerkelter Erden e.V.
Ruth Oster
Zur Kapelle 2
D-54492 Erden
Tel.: +49 (0) 6532 93108
Fax: +49 (0) 6532 93107
ruth-oster@web.de
www.roemerkelter-erden.de

Weingut Walter Gerlach
D-54539 Ürzig/Mosel
Tel.: +49 (0) 6532 2153
Fax: +49 (0) 6532 4660
info@weingutgerlach.de
www.weingut-gerlach.de

Haus der Fischerei
Moselstraße 45
D-54331 Oberbillig
Tel.: +49 (0) 6501 605350
Fax: +49 (0) 6501 605351
bailletd@hotmail.com
www.haus-der-fischerei.de

Domaine Viticole
Laurent & Rita Kox
6a, rue des Prés
L-5561 Remich
Tel.: +352 23698494
Fax: +352 23698101
kox@pt.lu

Küche und Kunst/
Mietkochservice Ralf Kirsten
Welschmühle 8
D-54320 Waldrach
Tel.: +49 (0) 6500 917591
kontakt@kuecheundkunst.de
www.kuecheundkunst.de

Restaurant Kunz
Beethovenstraße 14
D-54340 Köwerich
Tel.: +49 (0) 6507 802456
Fax: +49 (0) 6507 802456
info@restaurantkunz.de
www.restaurantkunz.de

Bäckerei Licht
Am Markt 40
D-54470 Lieser/Mosel
Tel.: +49 (0) 6531 6345
Fax: +49 (0) 6531 3645
www.baeckerei-licht.de
licht@baeckerlicht.de

WeinKulturgut
Longen-Schlöder
Vineria – Vinothek
Kirchenweg 9
D-54340 Longuich bei Trier
Tel.: +49 (0) 6502 8345
Fax: +49 (0) 6502 95166
info@longen-schloeder.de
www.longen-schloeder.de

Märchenhotel
ÄltesteWeinstube
Kallenfelsstraße 27
D-54470 Bernkastel-Kues
Tel.: +49 (0) 6531 96550
Fax +49 (0) 6531 96550 1432
stefan@weinstube.com
www.weinstube.com

Mercure Hotel Trier Porta Nigra
Porta-Nigra-Platz 1
D-54292 Trier
Tel.: +49 (0) 6512 7010
Fax:+49 (0) 6512 701170
H5356-KC@accor.com
www.mercure.com

MILITES BENSES – LEG XXII PRIMIGENIA
Auf Burggarten 14
D-54647 Pickließem
Tel.: +49 (0) 6565 94578
edgar.comes@t-online.de

Hotel Moselblick Wincheringen
Am Mühlenberg 1
D-54457 Wincheringen
Tel.: +49 (0) 6583 9948 0
Fax: +49 (0) 6583 9948 170
info@moselblick.de
www.moselblick.de

Naturkräutergarten Maiga Werner
Fronhofen 2
D-54483 Kleinich
Tel.: +49 (0) 6536 9336 20
Fax: +49 (0) 1212 0254 241
Maiga@naturkraeutergarten.de
www.naturkraeutergarten.de

Weinhaus Neuerburg
Bahnhofstraße 2
D-54317 Kasel/Ruwer
Tel.: +49 (0) 651 9950088
info@weinhaus-neuerburg.com
www.weinhaus-neuerburg.com

Weingut Heinz-J. Oster
Bachstraße 11-15
D-56814 Ediger-Eller
Tel.: +49 (0) 2675 220
Fax: +49 (0) 2675 228
heinz-j.oster@t-online.de
www.weingut-oster.de

Weingut Pauly-Bohn Weinerlebnisbegleiterin Anette Tengelmann
Im Herrenfeld 8
D-54472 Burgen
Tel.: +49 (0) 6534 948982
Fax: +49 (0) 6534 949468
tengelmann@kelterstein.de
www.kelterstein.de

Hotel Pohl zum Rosenberg
Moselweinstraße 3
D-54538 Kinheim
Tel.: +49 (0) 6532 2196
Fax: +49 (0) 6532 1054
info@hotel-pohl.de
www.hotel-pohl.de

Römerlein Express
c/o Blees, Klostergartenstraße 4
D-54390 Leiwen
Tel.: +49 (0) 2364 603025
info@roemerlein-express.de
www.roemerlein-express.de

Taverne der römischen Villa Borg
Römische Villa Borg
D-66706 Perl-Borg
Tel.: +49 (0) 6865 911712
Fax: +49 (0) 6865 911713
info@villa-borg.de
www.villa-borg.de

Hôtel Saint-Nicolas
31, Esplanade
L-5533 Remich
Tel: +352 26663
Fax: +352 2666 3666
hotel@pt.lu
www.saint-nicolas.lu

Salvialea – Kräuter und Seminare
Hauptstraße 99
D-55767 Leisel
Tel.: +49 (0) 6787 970654
salvialea@web.de
www.salvialea.de

Weinstube B. Schenk-Oster
Bahnhofstraße 3
D-54320 Waldrach/Ruwer
Tel.: +49 (0) 6500 647
Fax: +49 (0) 6500 1671
info@schenk-oster.de
www.schenk-oster.de

Weingut Joachim Schmitt
Weinstraße 23
D-54340 Longuich
Tel.: +49 (0) 6502 5595
Fax: +49 (0) 6502 5572
info@Weingut-JS.de
www.Weingut-JS.de

Restaurant Zum Domstein
Hauptmarkt 5
D-54290 Trier
Tel.: +49 (0) 651 74490
Fax: +49 (0) 651 74499
www.domstein.de
info@domstein.de

Hotel-Restaurant
Zum Felsenkeller
Hauptstraße 29
D-55487 Sohren
Tel.: +49 (0) 6543 2260
Fax: +49 (0) 6543 2547
m.klein@hotel-zum-felsenkeller.de
www.hotel-zum-felsenkeller.de

Gasthof Zur Römervilla
Im Hostert 14
D-54346 Mehring
Tel.: +49 (0) 6502 4462
Fax: +49 (0) 6502 20662

Jurymitglieder

Oliver Bell
Schloss-Hotel-Petry
St. Castorstraße 80
D-56253 Treis-Karden
Tel.: +49 (0) 2672 934 0
info@schloss-hotel-petry.de
www.schloss-hotel-petry.de

Hilde Conrad
Landidyll-Hotel & Restaurant
Brauneberger Hof
Moselweinstraße 13
D-654472 Brauneberg/Mosel
Tel.: +49 (0) 6534 1400
hotel@braunebergerhof.de
www.mosel-erlebnis.de

Michael Krämer
Hotel zur Post
Hochwaldstraße 2
D-54427 Kell
Tel.: +49 (0) 6589 91710
Fax: +49 (0) 6589 9171150
info@postkueche.de
www.postkueche.de

Dr. Martin Thoma
Landesamt für archäologische
Denkmalpflege
Amt Koblenz
Festung Ehrenbreitstein
D-56077 Koblenz
Tel.: +49 (0) 2617 3626

Marc Weyer
LEADER+ Miselerland
23, rue de Trèves
L-6701 Grevenmacher
Tel.: +352 750139
info@musel-leader.lu
www.musel-leader.lu

Das Bärenhaus
Gartenstraße 1
D-54486 Mülheim
Tel. & Fax: +49 (0) 6534 500
Mobil: +49 (0) 171 821 958 3
MeinMoselurlaub@web.de
www.das-baerenhaus.de

Der Bauernhofladen
Hans Dieter Leinen
Leinenhof-Aussiedlung
D-54338 Aussiedlung
Tel.: +49 (0) 6502 5162
Fax: +49 (0) 6502 994387
leinen-schweich@t-online.de

Feriengut Bohn
Adrie und Manfred Bohn
Goldbachstraße 7
D-54470 Bernkastel-Andel
Tel.: +49 (0) 6531 8443
Fax: +49 (0) 6531 4807
feriengut-bohn@t-online.de
www.feriengut-bohn.de

Bornwiesenhof
Familie Jaschok
Hußweilerstraße 38-40
D-55767 Wilzenberg-Hussweiler
Tel.: +49 (0) 6787 711
Fax: +49 (0) 6787 935206
flammkaes@web.de
www.bornwiesenhof-hunsrueck.de

Landidyll-Hotel & Weingut
Brauneberger Hof
Inhaber Familie Conrad
Moselweinstraße 136
D-54472 Brauneberg
Tel.: +49 (0) 6534 1400
Fax: +49 (0) 6534 1401
hotel@brauneberger-hof.de
www.mosel-erlebnis.de

Wein- und Obstgut
Norbert Briesch
Moselstraße 40
D-54340 Bekond
Tel.: +49 (0) 6502 20124
Fax: +49 (0) 6502 934890
wein-obstgut@t-online.de

Eichhof
Hans-Peter Reichert
D-54421 Reinsfeld
Tel.: +49 (0) 6503 483
Fax: +49 (0) 6503 533
eichhof-reinsfeld@t-online.de

Weingut Frieden-Berg
Weinstraße 19
D-54453 Nittel
Tel.: +49 (0) 6584 99070
Fax: +49 (0) 6584 99072
weingut@frieden-berg.de
www.frieden-berg.de

Frohnerthof
Helmut Otten
D-54533 Oberkail
Tel.: +49 (0) 6567 316
Fax: +49 (0) 6567 1345

Hofgut Serrig
Domänensiedlung
D-54455 Serrig
Tel.: +49 (0) 6581 91450
Hofgutladen
Tel.: +49 (0) 6581 914530
hofgut@lebenshilfe-werkstatt.de
www.hofgut-serrig.de

Hunolsteiner Hof
Familie Binz
D-54497 Morbach
Tel.: +49 (0) 6533 3380
Fax: +49 (0) 6533 4720
info@hunolsteiner-hof.de
www.hunolsteiner-hof.de

Erika & Karl-Heinz Janshen
Moselweg 7
D-54552 Ellscheid
Tel.: +49 (0) 6573 953870
oder 730
Fax: +49 (0) 6573 9149
info@janshen-ellscheid.de
www.janshen-ellscheid.de

Weingut Johannishof
Trierer Straße 24
D-54308 Langsur-Mesenich
Tel.: +49 (0) 6501 923390
Fax: +49 (0) 6501 9233916
ries@johannishof-mesenich.de
www.johannishof-mesenich.de

Klickerterhof
Familie Ternes
D-56253 Treis-Karden
Tel.: +49 (0) 2672 7156
Fax: +49 (0) 2672 8209
info@klickerterhof.de
www.klickerterhof.de

Knospenhof
Familie Meßer
Bergstraße 8
D-54317 Herl
Tel.: +49 (0) 6500 8910
und +49 (0) 6500 7118

Museumsmühle
Molitorsmühle
Familie Branz
Am Föhrenbach
D-54338 Schweich
Tel.: +49 (0) 6502 1336
Fax: +49 (0) 6502 1336
info@molitorsmühle.de
www.molitorsmühle.de

Bauernhofcafé
Morgenfelder Hof
Familie Borsch
Brunnenstraße 37
D-54531 Eckfeld
Tel.: +49 (0) 6572 2149
Fax: +49 (0) 6572 933619

Weingut-Weinstuben-
Weingarten Schenk-Oster
Barbara Wünsch-Schirmer
Bahnhofstraße 3
D-54320 Waldrach
Tel.: +49 (0) 6500 647
Fax: +49 (0) 6500 1671
info@schenk-oster.de
www.schenk-oster.de

Weinmuseum
Schlagkamp-Desoye
Andreas Schlagkamp
Zeller Straße 11-13
D-56820 Senheim
Tel.: +49 (0) 2673 4381
Fax: +49 (0) 2673 4351
info@schlagkamp-desoye.de
www.schlagkamp-desoye.de

Landgasthof Hotel Simon
Bahnhofstraße 14
D-54320 Waldrach
Tel.: +49 (0) 6500 677
Fax: +49 (0) 6500 1440
info@landgasthof-simon.de
www.landgasthof-simon.de

Gutsbrennerei Vallendar
Bilzingen 30
D-54457 Wincheringen
Tel.: +49 (0) 6583 213
info@vallendar-bilzingen.de
www.vallendar-bilzingen.de

Adressen der Touristikverbände

Vulkanhof
Familie Thommes-Burbach
Vulkanstraße 29
D-54558 Gillenfeld
Tel.: +49 (0) 6573 9148
Fax: +49 (0) 6573 996416
info@vulkanhof.de
www.vulkanhof.de

Restaurant Wein im Turm
Weingut Joachim Schmitt
Weinstraße 23
D-54340 Longuich
Tel.: +49 (0) 6502 5595
Fax: +49 (0) 6502 5575
info@weingut-js.de
www.weingut-js.de

Hotel Zur Post
Michael Krämer
Hochwaldstraße 2
D-54427 Kell am See
Tel.: +49 (0) 6589 9171 0
Fax: +49 (0) 6589 9171 150
info@postkueche.de
www.postkueche.de

NatUrlaub erleben
c/o Rheinland-Pfalz
Tourismus GmbH
Löhrstraße 103-105
D-56068 Koblenz
Tel.: +49 (0) 261 915200
info@rlp-info.de

Der grüne Pfad
c/o Interessengemeinschaft
Erleben und Genießen
Mosel-Eifel-Hunsrück
Bahnhofstraße 3
D-54320 Waldrach
Tel.: +49 (0) 6500 647
Fax: +49 (0) 6500 1671
info@der-gruene-pfad.de

Eifel Tourismus GmbH
Kalvarienbergstraße 1
D-54595 Prüm
Tel.: +49 (0) 6551 96560
Fax: +49 (0) 6551 965696
info@eifel.info

Entente Touristique de la Moselle luxembourgeoise
115, route du Vin
L-5416 Ehnen
Großherzogtum Luxemburg
Tel.: +352 758888
Fax: +352 768451
centre.mosellan@netdsl.lu

Hunsrück-Touristik GmbH
Hunsrückhaus
D-54411 Deuselbach
Tel. +49 (0) 6504 950460
Fax +49 (0) 65 04 / 95 04 31
info@hunsruecktouristik.de

LEADER+ Miselerland
23, rue de Trèves
L-6793 Grevenmacher
Großherzogtum Luxemburg
Tel.: +352 750139
Fax: +352 758882
info@musel-leader.lu

Mosellandtouristik GmbH
Kordelweg 1
D-54470 Bernkastel-Kues
Tel.: +49 (0) 6531 97330
Fax: +49 (0) 6531 973333
info@mosellandtouristik.de

Straße der Römer
c/o Mosellandtouristik GmbH
Kordelweg 1
D-54470 Bernkastel-Kues
Tel.: +49 (0) 6531 97330
Fax: +49 (0) 6531 973333
info@mosellandtouristik.de
www.strasse-der-roemer.de

Tourist-Information Trier
Stadt und Land e.V.
An der Porta Nigra
D-54290 Trier
Tel.: +49 (0) 651 978080
Fax: +49 (0) 651 9780888
info@tit.de

Tourismus Zentrale Saarland
Franz-Josef-Röder-Straße 17
D-66119 Saarbrücken
Tel.: +49 (0) 681 927200
Fax +49 (0) 681 9272040
info@tz-s.de